Antisocial

Du même auteur

Petit Guide du mensonge en politique, First, 2015, Pluriel, 2017.

Islamopsychose, Fayard, 2017.

La Mondialisation malheureuse, préface de Bertrand Badie, First, 2016.

Les jeunes de banlieue mangent-ils les enfants ?, préface d'Emmanuel Todd, Le Bord de l'eau, 2015.

Nicolas Sarkozy, chronique d'un retour impossible ?, First, 2013.

Thomas Guénolé

Antisocial

La guerre sociale est déclarée

PLON
www.plon.fr

12, avenue d'Italie
75013 Paris
Tél. : 01 44 16 09 00
Fax : 01 44 16 09 01
www.plon.fr

Mise en pages : Graphic Hainaut

Dépôt légal : mars 2018

ISBN : 978-2-259-26385-6

Je dédie ce livre à la femme de ma vie,
Katerina Tatianovna Ryzhakova.

« Le courage, c'est [...] d'explorer la complexité presque infinie des faits et des détails et cependant d'éclairer cette réalité énorme et confuse par des idées générales [...]. Le courage, c'est [...] d'aller à l'idéal et de comprendre le réel ; c'est d'agir et de se donner aux grandes causes sans savoir quelle récompense réserve à notre effort l'univers profond ni s'il lui réserve une récompense. Le courage, c'est de chercher la vérité et de la dire ; c'est de ne pas subir la loi du mensonge triomphant qui passe, et de ne pas faire écho, de notre âme, de notre bouche et de nos mains aux applaudissements imbéciles et aux huées fanatiques. »

Jean Jaurès, *Discours à la jeunesse au lycée d'Albi*,
30 juillet 1903.

Prologue

Qu'est-ce que l'Antisocial ?

> « Il y a une guerre des classes, bien sûr, mais c'est ma classe, la classe des riches, qui fait cette guerre. Et nous sommes en train de la gagner. »

Warren Buffett, deuxième fortune mondiale
selon le classement 2017 du magazine *Forbes*,
cité par le *New York Times* le 26 novembre 2006.

Lorsque les droits des chômeurs sont attaqués, vous ne vous mobilisez pas, vous qui n'êtes pas chômeur.

Lorsque les droits des grévistes et le rôle des syndicats sont attaqués, vous ne vous mobilisez pas, vous qui n'êtes ni gréviste ni syndicaliste.

Lorsque les conditions de travail du personnel des hôpitaux sont attaquées, vous ne vous mobilisez pas, vous qui n'êtes ni infirmière ni médecin hospitalier.

Lorsque les droits des retraités sont attaqués, vous ne vous mobilisez pas, vous qui n'êtes ni retraité ni en passe de l'être.

Lorsque l'Éducation nationale est attaquée, vous ne vous mobilisez pas, vous qui n'êtes ni enseignant ni étudiant.

Lorsque les droits des fonctionnaires sont attaqués, lorsque leurs salaires sont « gelés », vous ne vous mobilisez pas, vous qui n'êtes pas fonctionnaire.

Lorsque s'accumulent les sans-abri, les sans domicile fixe et les personnes en logement précaire, vous ne vous mobilisez pas, vous qui avez un toit stable sur la tête.

Et, donc, lorsque l'offensive contre nos droits devient totale, ce chacun-pour-soi général conduit à l'échec, encore, encore et encore, de tout mouvement social et politique visant à défendre nos droits.

Qu'il s'agisse de personnalités politiques, de chercheurs ou encore d'intellectuels engagés, voici plus de trente ans que la mort du modèle social français est annoncée par diverses Cassandres. Il est donc tentant de réagir en haussant les épaules. Il est tentant de se rassurer en voyant dans ces réformes un mal nécessaire, qui n'irait quand même pas jusqu'à ratiboiser notre système de protection sociale. Spécifiquement chez les plus favorisés des classes moyennes, il est même tentant de se dire – avec soulagement – que, soi-même, l'on sera épargné ; et donc que, tout compte fait, le fléau antisocial n'est pas si grave.

C'est une erreur. *Réveillez-vous. Car cette fois, c'est différent. Non, l'Antisocial ne va pas s'arrêter ; non, si vous ne faites pas partie des 10 % les plus riches, vous ne lui échapperez pas.*

Parmi les 90 % restants de la population française, ceux qui ne sont pas déjà des perdants de l'Antisocial vont, au cours des toutes prochaines années, le devenir. Ils ne doivent avoir aucune illusion. À la manière de l'eau qui monte inexorablement dans les cales du *Titanic*, la mécanique implacable de l'Antisocial les atteindra tous tôt ou tard. Ce n'est qu'une question de temps. Puisque sa finalité est d'accaparer le maximum de ressources au bénéfice de la minorité oligarchique de la population, il est inhérent à l'Antisocial d'être incapable de s'arrêter. Les 90 % concernés ont donc deux attitudes possibles. La première consiste à se battre entre eux. C'est ce que font, par exemple, ces ouvriers et ces chômeurs qui votent FN afin d'obtenir la priorité sur leurs compagnons d'infortune d'origine maghrébine dans la file d'attente pour les emplois insuffisamment nombreux et les protections sociales de plus en plus réduites que l'Antisocial leur laissera. C'est tomber dans un piège : laisser l'Antisocial « diviser pour régner ». La seconde attitude, plus constructive, consiste à se battre ensemble contre l'Antisocial afin d'arrêter sa course destructrice.

J'appelle *Antisocial* le processus politique de destruction du modèle français de solidarité sociale. Remise en cause après remise en cause, rabotage après rabotage, ce programme nous fait méthodiquement reculer de plusieurs décennies voire de plus d'un siècle. Quelques exemples suffisent à l'attester. Le recrutement d'agents non titulaires dans la fonction publique est devenu un phénomène massif : ils sont près de 1 million en 2015[1]. Pour eux, c'est reculer jusqu'en 1983, époque où les protections modernes des fonctionnaires titulaires n'existaient pas encore. La retraite à 65 ans est de plus en plus ouvertement débattue : l'appliquer serait reculer jusqu'en 1910, quand cet âge de départ fut adopté. Le service public

1. « L'emploi dans la fonction publique en 2015 », *INSEE Première*, n° 1640, mars 2017.

de la téléphonie a été petit à petit privatisé pour faire de France Télécom la firme multinationale Orange[1] : ce processus nous fait reculer jusqu'en 1889, quand la téléphonie n'était pas encore nationalisée. Quant à l'uberisation du travail, dont les cas les plus connus sont les chauffeurs de voiture et les « auto-entrepreneurs », elle instaure le retour pur et simple de l'ouvrier payé à la tâche de la fin du XIXe siècle, au temps de la révolution industrielle. Le reste est à l'avenant.

En d'autres termes, l'*Antisocial* est un puissant mouvement *en marche arrière*.

Ce mouvement s'inscrit dans un phénomène plus large, que j'ai baptisé « mondialisation malheureuse » dans de précédents travaux[2]. Si la mondialisation est l'interconnexion croissante, vraisemblablement irréversible, des peuples, des économies et des cultures à la surface de la Terre, la mondialisation *malheureuse*, elle, n'est qu'une façon possible (parmi d'autres) d'organiser cette grande interconnexion. Son programme consiste à supprimer le contrôle des prix des biens et services de première nécessité, pour que cette consommation captive assure une rente à de grands groupes privés organisés en cartels ; à baisser les protections et les droits sociaux de la population active pour la

1. Fin 2016, l'État français ne détient plus qu'un quart des actions d'Orange (ex-France Télécom). Les « actionnaires institutionnels », c'est-à-dire essentiellement de grandes banques, des compagnies d'assurance et des fonds d'investissement, en détiennent ensemble plus des deux tiers. La Deutsche Bank détient à elle seule 5 % des actions.

2. Thomas Guénolé, *La Mondialisation malheureuse*, préface de Bertrand Badie, First, 2016.

contraindre à des conditions de travail plus dures; à baisser les dépenses de solidarité sociale, pour forcer ses bénéficiaires à payer eux-mêmes ces services à de grandes firmes privées (s'ils le peuvent); à baisser les prélèvements obligatoires sur les plus fortunés, tandis qu'augmentent ceux sur les classes moyennes ou populaires; à baisser le niveau de contrôle des États sur les activités des grandes firmes financières, ce qui accroît leurs perspectives de profit mais rend les krachs financiers plus graves et plus fréquents; et à vendre les entreprises publiques, voire les biens communs, à de grandes firmes et à de grandes fortunes, renforçant dès lors leur position de rentières.

Ce programme est souvent appelé : « néolibéralisme ». Je pense que c'est une erreur. Les politiques antisociales consistent à démanteler l'État-providence en tant que prestataire de services publics, à déposséder l'État-actionnaire en tant que propriétaire d'entreprises publiques, à abolir l'État-stratège en tant que planificateur des grandes évolutions du pays, et à défaire l'État-arbitre en tant que contrôleur des abus du secteur privé, financier notamment. Puisqu'il s'agit, dans tous ces aspects, de revenir à une situation passée caractérisée par moins de service public, moins de protection sociale, moins d'intervention de l'État dans l'économie, et moins d'encadrement du secteur privé, le préfixe « néo- » est inapproprié.

Quant au libéralisme économique, l'examen des écrits de son principal père fondateur, le philosophe et économiste Adam Smith, permet de constater que celui-ci était en fait farouchement hostile à la dynamique rétrograde de l'Antisocial qu'on lui met sur le dos. Cette affirmation peut surprendre le lecteur tant, depuis des décennies, Adam Smith nous est dépeint comme partisan d'un État réduit à ses fonctions de police, d'armée, de justice et de monnaie, laissant les initiatives privées s'occuper de tout le reste, et comptant sur la providentielle « main invisible » du marché pour que la somme de ces initiatives contribue harmonieusement à l'intérêt général.

Cette présentation de sa pensée est un mensonge. D'abord, dans son œuvre tout entière, l'expression « main invisible » n'apparaît que trois fois[1] : ce concept est donc secondaire sous sa plume. Ensuite, lorsqu'il l'emploie, ce n'est pas pour prétendre qu'une force providentielle permet au marché de satisfaire l'intérêt collectif sans avoir à être encadré par l'État. Lui se contente de juger que, malgré nous, nos actes accomplis par égoïsme *peuvent* contribuer à l'intérêt collectif. Ce n'est assurément pas la même chose.

Par ailleurs, comme l'a établi le prix Nobel d'économie Amartya Sen[2], Adam Smith n'a jamais proposé une économie de marché débridée où chacun courrait après sa seule satisfaction égoïste. Il refuse même un jeu économique sans règles ni arbitre. Et juge dans sa *Théorie des sentiments moraux*[3] que la morale, l'altruisme doivent guider tout homme dans sa vie. Il va jusqu'à condamner les prises de risque excessives de ceux qu'il appelle les « dissipateurs

---

1. Son *Histoire de l'astronomie*, sa *Théorie des sentiments moraux* et *La Richesse des nations* : une seule fois dans chacun.

2. Amartya Sen, *The Idea of Justice*, Harvard University Press, 2009 ; « Capitalism Beyond the Crisis », *New York Review of Books* 56(5), 2009 ; « Adam Smith's Market Never Stood Alone », *Financial Times*, 10 mars 2009.

3. Adam Smith, *The Theory of Moral Sentiments*, 1759.

et spéculateurs». Et préconiser l'intervention active de l'État pour l'éducation et la redistribution des richesses.

De surcroît, pour finir de démentir quiconque prétend faire de lui un apôtre de l'Antisocial, il suffit de lire ce passage de son livre le plus célèbre, *La Richesse des nations*[1] :

> «Les maîtres sont en tout temps et partout dans une sorte de ligue tacite, mais constante et uniforme, pour ne pas élever les salaires au-dessus du taux actuel. Violer cette règle est partout une action de faux frère et un sujet de reproche pour un maître parmi ses voisins et pareils. [...] Souvent, cependant, les ouvriers opposent à ces coalitions particulières une ligue défensive; quelquefois aussi, sans aucune provocation de cette espèce, ils se coalisent de leur propre mouvement, pour élever le prix de leur travail. [...] Quelquefois, ils se portent à la violence et aux derniers excès. Ils sont désespérés, et, agissant avec l'extravagance et la fureur de gens au désespoir, réduits à l'alternative de mourir de faim ou d'arracher à leurs maîtres par la terreur la plus prompte condescendance à leurs demandes. Dans ces occasions, les maîtres ne crient pas moins haut de leur côté; ils ne cessent de réclamer de toutes leurs forces l'autorité des magistrats civils, et l'exécution la plus rigoureuse de ces lois si sévères portées contre les ligues des ouvriers, domestiques et journaliers.»

Ainsi dénonce-t-il non seulement la coalition permanente des employeurs pour tirer les salaires des

1. Adam Smith, *An Inquiry into the Nature and Causes of the Wealth of Nations*, 1776.

ouvriers vers le bas, mais aussi le « deux poids, deux mesures » pratiqué par les pouvoirs publics selon qu'ils font face à une ligue d'employeurs ou à une ligue d'ouvriers.

Bref, l'Antisocial, on le voit, *n'est en rien* conforme au libéralisme authentique et originel.

Cela étant, si l'Antisocial n'est pas néolibéral, alors comment le qualifier ? D'un côté de la fracture sociale, les prélèvements obligatoires des plus riches baissent et les intérêts des grandes firmes sont favorisés. De l'autre côté de celle-ci, les prélèvements obligatoires des classes moyennes augmentent et le degré de solidarité sociale diminue, au détriment en particulier des plus démunis cependant que les petites et moyennes entreprises tirent la langue. L'Antisocial correspond donc à ce qu'Aristote baptisa jadis « oligarchie » : le gouvernement de la Cité au bénéfice d'une minorité, au détriment de la majorité[1]. *Ni nouveau ni libéral, le projet antisocial est, en somme, rétrograde et oligarchiste*.

Tantôt l'Antisocial procède par petits pas : c'est généralement le cas pour les privatisations de services publics, réalisées en plusieurs fois afin d'atténuer les levées de boucliers. Tantôt il procède au contraire par grands bonds en arrière : par exemple lorsque, en 2004, il devint légal qu'une entreprise adopte chez elle des règles moins favorables aux salariés que les accords de branche[2].

1. Aristote, *Politique*, IV, 6.
2. Loi n° 2004-391 du 4 mai 2004 relative à la formation professionnelle tout au long de la vie et au dialogue social.

Mais, faute d'un mouvement social suffisamment fort pour lui mettre un coup d'arrêt, et faute de victoire électorale d'un mouvement politique proposant une politique de progrès social, cette grande marche arrière se déploie sous nos yeux et dans nos vies à un rythme qui va s'accélérant.

Les conditions d'accès aux allocations chômage sont durcies année après année. Des protections inscrites dans le code du travail se voient remises en cause, en particulier en autorisant chaque entreprise à les supprimer chez elle. La possibilité réelle de manifester ou de faire grève s'affaiblit en pratique, notamment du fait de réformes destinées à limiter la portée de l'exercice. L'accès aux soins de l'hôpital public se révèle de plus en plus coûteux. Les droits à la retraite sont sans cesse retardés et amoindris. Les enseignants sont sous-payés par rapport à la moyenne européenne en même temps que la machine éducative reproduit et perpétue de plus en plus les inégalités sociales de départ. Les conditions de travail de nombreux fonctionnaires se dégradent au point de mettre en danger leur santé et la qualité du service. Les prélèvements obligatoires les plus équitables, c'est-à-dire plus lourds dans le budget des plus privilégiés, baissent, tandis que les prélèvements obligatoires les plus injustes, ceux plus lourds dans le budget des plus démunis, augmentent. Les réfugiés méditerranéens et les sans-papiers se voient refuser une politique humainement décente d'accueil et d'accompagnement. Le mal-logement s'enracine profondément dans notre société et frappe plus violemment les plus jeunes. Les habitants des banlieues pauvres sont systématiquement plus durement touchés que les autres par les maux du pays : principalement le chômage, la précarité et la criminalité. La population rurale est lentement abandonnée à un inexorable isolement par la fermeture progressive des services publics et des commerces de proximité. Quant aux populations victimes de l'extrême pauvreté et de la faim, elles sont quasiment absentes des préoccupations de la Cité : c'est comme si elles étaient invisibles.

Pour réussir à faire reculer les solidarités sociales dont des millions de foyers ont un besoin réel voire vital, l'Antisocial doit cependant obtenir au préalable l'acceptation ou la résignation du plus grand nombre. Cette capitulation dans les esprits est d'autant plus indispensable que, recul après recul, *les perdants du projet antisocial deviennent majoritaires dans la population*. C'est pourquoi ces réformes sont précédées et accompagnées par une *bataille des représentations*.

De fait, systématiquement, une propagande massive prépare les esprits au démantèlement des politiques sociales visées. Elle repose sur une triple diabolisation : la diabolisation des populations qui ont besoin de ces politiques, notamment des chômeurs ; la diabolisation des acteurs de ces politiques, au premier rang desquels les fonctionnaires ; et la diabolisation des protections elles-mêmes, en particulier du code du travail.

Le rôle des médias audiovisuels dominants est, à cet égard, absolument central. Il existe certes des poches de liberté d'expression et de pluralisme, comme feue l'émission « Ce soir (ou jamais !) » de Frédéric Taddeï. De même existe-t-il des journalistes qui veulent faire leur travail de contre-pouvoir au service de la liberté d'information : à tel point d'ailleurs qu'il y a aujourd'hui, dans chaque salle de rédaction, une tension entre partisans du journalisme d'indépendance et partisans du journalisme de complaisance. Néanmoins le système médiatique, en moyenne et dans sa globalité, par conviction, passivité ou aveuglement, est bel et bien au service de l'idéologie oligarchiste.

L'on peut distinguer les profils-types d'une pyramide médiatique à trois étages. Au sommet de celle des rémunérations du paysage audiovisuel français, la quasi-totalité des dirigeants de rédaction et des éditorialistes vedettes servent ardemment l'Antisocial : que ce soit par conviction sincère, par carriérisme cynique ou par mimétisme passif.

À l'étage intermédiaire, celui des cadres et des journalistes chevronnés, l'on trouve ceux qui sont eux aussi partisans de l'Antisocial par conviction ou par cynisme ; ceux qui se contentent d'« obéir aux ordres » avec de plus en plus d'indifférence ; ceux qui tentent des approches non alignées en essayant de ne pas franchir la ligne rouge ; et ceux qui l'ont franchie, moyennant des relations exécrables avec leur hiérarchie, la mise en danger de leur carrière, ou l'exode afin d'aller travailler dans un média non aligné.

Enfin, au rez-de-chaussée s'entasse la chair à canon : les journalistes jeunes et les techniciens. Ils sont sous-payés. Ils accumulent les bouts de contrats précaires et les piges à droite, à gauche. Ils sont soumis à des cadences de travail de plus en plus infernales. Intermittents de l'information comme il existe les intermittents du spectacle[1], équivalents

1. Bon nombre de techniciens des médias audiovisuels sont d'ailleurs sous statut d'intermittents du spectacle.

dans les médias des chauffeurs Uber, leur position socio-économique les enferme dans un choix simple : obéir aux ordres ou prendre la porte.

Les grands médias audiovisuels exercent aujourd'hui le rôle tenu jadis par l'Église dans l'Ancien Régime. Ne disait-on d'ailleurs pas il y a peu « la messe du 20 heures » ? L'Église médiatique a ses cardinaux, que sont les quelques éditorialistes tout-terrain écumant ses plateaux. Elle a ses inquisiteurs, c'est-à-dire des intervieweurs vedettes posant des questions fermées pour arracher des aveux, plutôt que des interrogations ouvertes destinées à laisser s'exprimer une pensée. Elle a aussi ses évangélistes, sous la forme d'une vingtaine d'éditorialistes et d'économistes résolument pro-système. Défenseurs d'un même dogme, ils n'ont entre eux que des désaccords de nuance; ou si ces désaccords sont marqués, cela ne porte pas sur le système en place. De plateaux télévisés en émissions radiophoniques et tribunes dans la presse écrite de référence, ils défendent la mondialisation malheureuse comme étant le meilleur système et le seul possible. Ils soutiennent invariablement l'Antisocial comme étant un programme nécessaire et le seul réaliste. Ils assènent en boucle qu'*il n'y a pas d'alternative* : ni à la mondialisation malheureuse en tant que système ni à l'Antisocial en tant que projet. Par leur quasi-unanimité, par la répétition *ad nauseam* des mêmes mantras, ils assurent la fonction sociale qu'Edward Herman et Noam Chomsky appellent *la fabrication du consentement* dans leur célèbre « théorie du modèle de propagande[1] ». À savoir : à travers le matraquage médiatique quotidien, faire entrer dans les esprits du plus grand nombre que l'idéologie oligarchiste est évidemment une vérité ; que le système de la mondialisation malheureuse est évidemment bon ; qu'aller au bout du projet antisocial est évidemment indispensable ; et que toute alternative est évidemment une *hérésie*.

Ainsi les médias audiovisuels dominants aboutissent-ils à la diffusion en boucle d'un véritable *catéchisme antisocial*. Résumons ce credo, qu'ils répètent inlassablement comme les prières d'un chapelet :

– Il y a trop d'assistanat en France, ce qui encourage les chômeurs à ne pas travailler.

– Si les chômeurs n'ont pas d'emploi, c'est surtout parce qu'ils ne cherchent pas assez.

– Le code du travail est l'une des principales causes du manque d'embauches en France.

– Faciliter les licenciements crée des emplois.

– Baisser les charges des entreprises, qui sont trop lourdes, est la meilleure voie pour créer des millions d'emplois.

– Notre système de protection sociale est beaucoup trop généreux.

– La Sécurité sociale est en déficit à cause de ceux qui profitent de son excessive générosité.

– Les syndicats défendent des positions archaïques et, lorsqu'ils lancent des grèves, c'est pour défendre les privilèges des fonctionnaires.

---

1. Edward S. Herman et Noam Chomsky, *Manufacturing Consent : The Political Economy of the Mass Media*, Pantheon Books, 1988.

– Il y a beaucoup trop de grèves en France : les usagers sont « pris en otage ».

– Air France est en difficulté à cause des privilèges des pilotes et du refus chez les salariés de faire les efforts nécessaires.

– C'est à cause des syndicats et des régimes spéciaux des cheminots que la SNCF va mal.

– Le secteur privé fonctionne plus efficacement que le secteur public, qui gagnerait à copier ses méthodes de management.

– Les fonctionnaires sont trop paresseux et trop nombreux.

– L'Éducation nationale échoue à éduquer les jeunes d'aujourd'hui, qui sont beaucoup moins bien cultivés et éduqués que ne l'étaient leurs grands-parents.

– Les réfugiés, les sans-papiers, les immigrés sont traités trop généreusement en France, et souvent mieux que ne le sont les Français.

– On paie beaucoup trop d'impôts en France.

Comme nous le verrons au fil des pages, toutes ces croyances, et d'autres de même teneur antisociale, sont fausses.

Dans le célèbre film de science-fiction *Matrix*[1], l'humanité est entretenue dans l'illusion d'un monde vivable alors que, par-delà les mensonges, la société réelle est devenue une abominable contre-utopie. Lors de la scène cruciale du film, le jeune Neo, héros du conte, se voit présenter une pilule rouge et une pilule bleue. Prendre la bleue le ferait rester dans un univers factice, entouré de mensonges mais plus

1. *Matrix* (1999), réalisé par Lana et Lilly Wachowski.

confortable à accepter. Avaler la rouge lui ferait contempler au contraire la société réelle, c'est-à-dire une situation vraie mais beaucoup plus douloureuse à regarder en face.

Thème après thème, ce livre va déconstruire les « fake news » de la propagande antisociale. Il portera à la connaissance du grand public des vérités trop peu connues sur la réalité sociale du pays. Il exposera sans fard l'extrême injustice des politiques antisociales qui s'accélèrent et s'intensifient dans notre pays. Il proposera une stratégie globale de mobilisation sociale et politique contre l'Antisocial. Il appellera à agir et à s'engager.

Toutes proportions gardées, ce livre sera donc... une pilule rouge.

1

Anti-chômeurs

> « Vous avez des droits, mais aussi des devoirs. Vous pouvez être radié. »
>
> Message de Pôle emploi diffusé en boucle dans une agence de Caen, *in* Florence Aubenas, *Le Quai de Ouistreham*, L'Olivier, 2010, p. 25.

« *"Écoutez-moi monsieur. Les formations coûtent cher, nous avons des listes de priorités pour les inscriptions. Vous n'en faites pas partie. Il faut le comprendre."* Un silence. *"Vous avez 59 ans, tout de même."* Le candidat suivant se tient déjà debout en manteau[1]. »

C'est l'histoire d'un droit magnifique proclamé pour tous à la face du monde entier : *le droit à un travail*; un droit depuis dénaturé, défiguré, jusqu'à devenir un système massif d'oppression et de culpabilisation des chômeurs.

Signe des temps, le cinéma a multiplié ces dernières années les œuvres consacrées à la violence sociale que ceux-ci endurent. L'on songe par exemple

1. Cité dans Florence Aubenas, *Le Quai de Ouistreham*, *op. cit.*, p. 34.

à *La Loi du marché*[1]. Dans ce film, Thierry, un quinquagénaire devenu chômeur de longue durée, doit renoncer petit à petit aux besoins les plus vitaux. Alors qu'avec son épouse ils essaient de garder leur appartement et de continuer à financer les études de leur fils handicapé, lui enchaîne les situations humiliantes, appauvrissantes et absurdes, notamment avec Pôle emploi. Il finit par trouver *in extremis* un poste de vigile dans un supermarché mais, confronté aux petits larcins de gens qui, à son image, sont des précaires, il tombe en plein dilemme moral. Autre exemple, le film *Moi, Daniel Blake*[2]. De centres d'appels aux temps d'attente ahurissants en formulaires sur Internet incompréhensibles, de harcèlement moral en procédures bureaucratiques absconses, un chômeur bientôt sexagénaire, et cardiaque, est confronté au labyrinthe kafkaïen et déshumanisé des services d'assurance chômage du Royaume-Uni. Lors de la scène culminante, le héros s'arme d'une bombe de peinture noire et tague en lettres énormes sur le mur de l'agence dont il dépend : « Moi, Daniel Blake, exige ma date d'appel avant que je meure de faim. »

La Déclaration universelle des droits de l'homme de 1948 proclame sans la moindre équivoque qu'avoir un travail est un *droit* et que la puissance publique a le *devoir* d'en donner à chacun. « Toute personne a droit au travail, au libre choix de son travail, à des conditions équitables et satisfaisantes de travail et à la protection contre le chômage », est-il écrit à l'article 23 alinéa 1.

---

1. *La Loi du marché* (2015), réalisé par Stéphane Brizé.
2. *Moi, Daniel Blake* (2016), réalisé par Ken Loach.

En bonne logique, l'on devrait en déduire que l'État a l'obligation de créer des activités, et donc des emplois, pour toutes les personnes auxquelles l'économie de marché échoue à proposer du travail. Bien avant la Déclaration universelle, c'est suivant ce raisonnement que sont fondés en 1848 les Ateliers nationaux. À l'époque, sous l'influence du socialiste Louis Blanc, le gouvernement provisoire de la IIe République décide que l'État va créer et financer des coopératives d'ouvriers afin de faire baisser le chômage. Très vite cependant, l'expérience est brutalement interrompue, pour une raison très instructive : les élections législatives du 23 avril accouchant d'une Assemblée conservatrice, cette dernière craint que la garantie d'avoir un emploi grâce aux Ateliers nationaux ne fasse monter les salaires de tous les ouvriers. Elle vote donc leur dissolution, qui provoquera des révoltes ouvrières et leur répression sous l'égide du général Cavaignac : 4000 à 6000 morts parmi les insurgés, dont 1500 fusillés sans jugement. Quinze mille sont condamnés à la prison ou à la déportation en Algérie française[1].

À ce stade, l'on songe inévitablement au concept d'« armée industrielle de réserve » : le facteur décisif du niveau des salaires est l'ampleur de la population laissée sans travail par la vie économique. Plus cette population est vaste, plus elle exerce sur les salaires une pression à la baisse. Il s'ensuit que l'oligarchie dominant notre système économique a intérêt à l'existence durable d'un chômage de masse, et non

1. Maurice Agulhon, *1848 ou l'apprentissage de la République : 1848-1852*, Seuil, Paris, 1973, maj. 2002, Paris, p. 82-83.

pas au plein-emploi[1]. Si *a contrario* l'État finançait sur fonds publics un emploi pour tous ceux qui n'en ont pas, il condamnerait cette même oligarchie à devoir payer de meilleurs salaires. Les dominants de notre système économique ont donc un intérêt financier direct à ce que l'État ne remplisse pas son devoir de créer lui-même des emplois pour les personnes que l'économie de marché laisse au chômage.

Au fil des décennies, les pouvoirs publics français ont donc doublement perverti et dénaturé le sens de ce *droit au travail* pourtant parfaitement clair dans la Déclaration universelle des droits de l'homme.

D'une part, ils en ont fait un droit à l'indemnisation si l'on est au chômage, ce qui n'est assurément pas la même chose. Le devoir qu'a l'État de donner du travail à chacun, politiquement exigeant envers les gouvernants et qui implique mécaniquement de ressusciter les Ateliers nationaux sous une forme ou sous une autre, est ainsi devenu une simple obligation de distribuer de l'argent public aux chômeurs afin que ceux-ci puissent survivre.

D'autre part, le devoir qu'a l'État de créer du travail pour tous a été petit à petit dénaturé pour devenir un devoir qu'a le chômeur de chercher du travail sous la surveillance de l'État : ce qui, là encore, n'est certainement pas la même chose. La culpabilité de l'État, qui échoue à garantir un emploi pour chacun alors que c'est un droit, est transformée en présomption de culpabilité du chômeur dans le fait qu'il soit au chômage.

---

1. Karl Marx, *Le Capital : Livre I,* Presses universitaires de France, 1993 (réédition), p. 705-719.

Ainsi aboutit-on à la politique actuelle des pouvoirs publics face au chômage : l'indemnisation financière des chômeurs, assortie d'un contrôle administratif de plus en plus proche du harcèlement moral pour faire peser sur eux la culpabilité de leur situation.

Cette politique s'appuie sur des préjugés anti-chômeurs, que la propagande du système en place entretient à satiété.

Principale croyance : les chômeurs pourraient trouver du travail s'ils le voulaient vraiment. Cela revient à considérer que l'essentiel des chômeurs le sont volontairement et sont donc coupables de leur sort. Si 58 % des Français sont d'accord avec cette accusation de parasitisme[1], elle est pourtant fausse. En effet, si c'était vrai, les chômeurs préférant dans leur très large majorité rester chômeurs, il ne devrait pas y avoir de baisse significative du chômage lorsque le retour de la croissance économique fournit davantage de postes à pourvoir. Or, c'est le contraire que l'on observe : plus les offres d'emploi sont abondantes, plus le chômage baisse. Symétriquement, lorsque l'économie est en stagnation ou *a fortiori* en récession, les postes à pourvoir deviennent rares et le taux de chômage s'envole. Pour ne prendre que deux exemples, la croissance économique très soutenue des Trente Glorieuses a correspondu à un chômage quasi nul, tandis que, dans les années suivant le grand krach financier de 2007, la stagnation de l'économie

1. Ifop, « Les Français, la politique sociale et la lutte contre l'assistanat », sondage pour *Les Enquêtes du contribuable*, février 2014.

française a correspondu au contraire à un taux de chômage élevé et en hausse.

Ce constat très simple de la hausse ou baisse du chômage selon qu'il y a hausse ou baisse des offres d'emploi suffit à invalider la thèse des chômeurs qui pour l'essentiel n'auraient pas de travail « parce qu'ils ne cherchent pas vraiment ».

Plus largement, en 2017 Pôle emploi a dévoilé des chiffres qui prouvent à quel point les préjugés anti-chômeurs sont des mensonges. Sur un vaste échantillon de 270 000 chômeurs contrôlés de manière approfondie par l'organisme, un total écrasant de 86 % remplissaient indiscutablement leurs obligations de recherche d'emploi. Par ailleurs, sur les 14 % restants, 60 % n'étaient pas indemnisés par l'assurance chômage et ne lui coûtaient donc rien. En d'autres termes, alors que le procès des chômeurs « qui touchent les allocations mais ne cherchent pas vraiment du travail » revient sans cesse sur la table, en réalité cette accusation est mensongère pour plus de 94 % des chômeurs[1].

Autre constat très simple pour invalider cette accusation de parasitisme : de nos jours, en moyenne, les offres d'emploi croulent sous les candidatures. Par exemple, avec 83 candidatures pour 1 offre d'emploi, le recrutement dans le secteur de la communication[2] est aujourd'hui environ quatre fois plus sélectif que le concours d'entrée de l'ENA[3].

1. « La plupart des chômeurs ne sont pas des tricheurs », *Alternatives économiques*, n° 374, décembre 2017, p. 30.

2. Source : Apec.

3. Données 2017 du concours externe de l'ENA : 40 places pour 924 candidats inscrits, soit 1 place pour 23 candidatures.

Symptôme de ce trop-plein de candidatures, les recruteurs multiplient les critères sélectifs les plus exigeants, jusqu'à l'absurde. Une expérience professionnelle démesurée par rapport au besoin réel pour pouvoir accomplir un travail satisfaisant, un niveau de diplôme beaucoup plus élevé que ce que le poste objectivement requiert, ou encore la maîtrise de langues qui ne serviront à rien une fois embauché sont autant de grands classiques en la matière.

Toujours est-il que cette situation de surabondance de candidats aux offres d'emploi tend, elle aussi, à prouver la fausseté de la thèse des « chômeurs volontaires ».

Autre cliché, qui nourrit d'ailleurs le précédent : il y aurait en France 300 000 emplois non pourvus faute de candidats, ce qui sous-entend que les chômeurs seraient coupables de leur sort faute d'aller chercher un poste là où pourtant il les attend.

« Le Vrai du faux » de France Info relève en 2015 que les responsables politiques évoquent régulièrement cet eldorado d'emplois laissés en jachère. Ce mythe correspond en réalité au nombre total de recrutements abandonnés par les entreprises sur une année selon Pôle emploi et le Medef. Or, selon l'observatoire patronal Tendance Emploi Compétence (TEC), près de la moitié des recruteurs ayant renoncé à embaucher l'ont fait en raison de la situation économique, et non pas faute de candidat.

Dès lors, prétendre que quelque 300 000 emplois attendent les chômeurs pour les accuser explicitement ou implicitement de n'être au chômage qu'à cause d'une recherche insuffisamment intensive est un pur mensonge.

Il y a certes des métiers précis, identifiés de longue date par la statistique de l'emploi, qui peinent à trouver des candidats ayant les qualifications requises. Il s'agit notamment des ouvriers qualifiés, des dessinateurs pour le secteur industriel, des ouvriers de maintenance, des métiers de la santé comme de l'informatique[1].

Cependant, Pôle emploi évalue chaque année les postes non pourvus à environ 120 000, soit largement moins que le mythe des 300 000 colporté. Et cela ne correspond qu'à 2 % des 5,6 millions de personnes aujourd'hui au chômage[2]. En d'autres termes, même si demain les postes vacants faute de candidats qualifiés étaient tous pourvus, 98 % des chômeurs resteraient au chômage !

Variante de l'accusation faite aux chômeurs d'être coupables de leur sort : soutenir que s'ils ne trouvent pas d'emploi, c'est en raison de leurs formations inadaptées aux attentes des recruteurs. Or, la Dares[3] a évalué que la spécialité de formation du candidat est secondaire pour obtenir un recrutement : le niveau du diplôme *quelle que soit la spécialité* est un critère bien plus prioritaire pour l'embaucheur. Quant aux travaux de recherche du Céreq[4], ils ont établi qu'en

1. Conseil d'orientation pour l'emploi, « Emplois durablement vacants et difficultés de recrutement : synthèse du diagnostic du Conseil », 30 septembre 2013, p. 4.

2. Données Pôle emploi pour août 2017 : en France métropolitaine, 5 646 000 personnes sont inscrites à Pôle emploi et tenues de rechercher un emploi (catégories A, B, C).

3. Dares : Direction de l'animation de la recherche, des études et des statistiques du ministère du Travail.

4. Céreq : Centre d'études et de recherches sur les qualifications.

France seul un tiers des personnes qui ont un travail avaient été formées pour l'emploi qu'elles occupent[1]. L'accusation est donc, là encore, fausse[2].

Autre discours : l'assurance chômage française serait trop généreuse et, par conséquent, inciterait les chômeurs à rester sans emploi au lieu de chercher du travail. L'on retrouve implicitement le mythe du chômeur parasite qui n'a pas de job parce qu'il n'en veut pas.

En réalité, si l'on compare le système français d'indemnisation des chômeurs à ce qui se pratique dans le reste de l'Europe, il apparaît qu'il n'est ni somptueusement généreux ni pingre. Il se situe simplement plus ou moins haut dans la moyenne européenne, selon que l'on examine plutôt les critères de l'indemnisation, son montant, le fait qu'elle baisse ou pas au fil du temps, ou encore les exigences adressées au demandeur d'emploi.

En France, l'indemnisation est calculée à partir du dernier salaire. Ce n'est pas particulièrement généreux puisque c'est le système le plus répandu en Europe occidentale, à l'exception notable du Royaume-Uni où l'indemnisation est très basse et *grosso modo* la même pour tous.

Chez nous, elle peut monter au maximum jusqu'à 75 % du dernier salaire. Ce n'est guère plus qu'en Allemagne (67 %) ou en Espagne (70 %) et c'est loin derrière le Danemark (90 %) : de sorte que notre pays

1. Olivier Chardon, « La spécialité de formation joue un rôle secondaire pour accéder à la plupart des métiers », *Économie et Statistique*, n° 388-389, 2005, p. 37-56.

2. « 150000 emplois non pourvus en France ? », « Le vrai du faux », France Info, 20 octobre 2015.

n'est que dans la moyenne haute des pays d'Europe occidentale, et non en tête de classement. En outre, si l'on se focalise sur les salaires supérieurs à 2 000 euros bruts mensuels, le système français est le moins généreux de toute l'Europe occidentale, avec une indemnisation de 57 % du dernier salaire.

En France, le montant de l'allocation chômage reste le même pendant toute la durée d'indemnisation. Ce n'est pas anormalement généreux puisque, sur ce point, l'Europe occidentale est coupée en deux : la Suède, l'Espagne ou encore l'Italie font baisser l'allocation avec le temps ; la France, l'Allemagne ou le Royaume-Uni ne le font pas.

La France est en revanche le pays qui demande la durée de travail la plus faible pour avoir droit à indemnisation en cas de chômage : il faut avoir travaillé pendant quatre mois, alors que la plupart des autres pays d'Europe exigent un an. La durée d'indemnisation hexagonale est toutefois dans la moyenne : elle peut aller jusqu'à deux ans, comme au Danemark ou en Allemagne, et peut dépasser les trois ans aux Pays-Bas.

En réalité, une fois comparé à ses voisins européens, la seule véritable anomalie du système français est le montant de l'indemnisation accordée aux salariés riches devenus chômeurs. En effet, contrairement à l'accusation faite aux plus pauvres d'être si fortement indemnisés qu'ils préfèrent rester au chômage, c'est en fait pour ceux qui ont touché de très hauts salaires – de l'ordre de 12 500 euros par mois – que l'allocation chômage française est largement la plus généreuse de toute l'Europe occidentale : elle s'envole à 6 300 euros net par mois, c'est-à-dire plus du quadruple du montant maximal du pays qui arrive deuxième, la Belgique[1].

Venons-en à l'accusation plus directe de parasitisme social assenée aux chômeurs : la croyance selon laquelle, en France, on peut vivre mieux en restant au chômage qu'en travaillant.

D'emblée, cette affirmation ne tient pas pour quiconque passe du salariat au chômage. Le montant de l'indemnisation n'atteint en effet jamais 100 % du dernier salaire. Il s'ensuit que le basculement dans le chômage entraîne nécessairement et inévitablement un appauvrissement du nouveau chômeur. Ainsi, un salarié touchant 1 000 euros brut mensuels va subir une diminution de revenu de 25 %. Quant au salarié payé 1 500 euros brut, c'est-à-dire le SMIC à plein temps, cette amputation de revenu sera de presque 60 %. Un appauvrissement accéléré et aggravé par « l'effet cliquet » établi par l'économiste James Duesenberry[2], qui veut que lorsque le revenu d'un ménage baisse, celui-ci tende à conserver quand même son niveau habituel de consommation.

Cette affirmation ne tient pas non plus si l'on compare le revenu moyen des chômeurs et des salariés. Les chômeurs touchent en effet en moyenne une indemnisation de 980 euros brut mensuels :

1. « La France indemnise-t-elle mieux les chômeurs que ses voisins ? », *Le Monde*, 20 janvier 2016; « Comment la France indemnise les chômeurs », *Le Figaro*, 19 février 2016; « On a l'indemnisation chômage la plus généreuse au monde », « Le vrai du faux », France Info, 18 décembre 2015.

2. James S. Duesenberry, *Income, Saving, and the Theory of Consumer Behavior*, Harvard University Press, 1949.

c'est-à-dire trois fois moins que le salaire moyen à temps plein, qui est de 2957 euros brut mensuels[1].

Reste la comparaison entre l'aide sociale que touchent les plus pauvres et ce qu'ils peuvent gagner en travaillant. L'argument antisocial par excellence est d'affirmer que quand on est pauvre, il est possible de mieux gagner sa vie avec l'aide sociale qu'avec un travail : l'on retrouve une fois de plus l'accusation de chômage volontaire; de parasitisme. Or c'est globalement faux.

Prenons quelques exemples. C'est faux pour les pauvres qui bénéficient de la « prime d'activité », car ils doivent exercer un emploi afin d'y avoir droit. C'est faux pour une personne seule, pauvre et sans enfants. Elle touche en effet un RSA de 545 euros par mois : le temps de travail dont elle aurait besoin, payée au SMIC, pour gagner la même somme, n'est que de 18 heures par semaine. Soit largement en dessous de la durée légale hebdomadaire de 35 heures, ce qui prouve que travailler reste pour elle largement plus rémunérateur que toucher le RSA. C'est faux également pour les couples pauvres avec un ou plusieurs enfants : au lieu de rester au RSA, il est rationnel pour eux, car plus rémunérateur, qu'au moins l'un des deux travaille et que l'autre s'occupe des enfants. Compte tenu des valeurs patriarcales encore très puissantes en France quel que soit le milieu social, c'est alors généralement la femme qui demeure au foyer.

---

1. Dares, « Les demandeurs d'emploi indemnisables par le régime d'assurance chômage en 2011 », février 2013; Dares, « Les salaires par secteur et par branche professionnelle en 2014 », janvier 2017.

C'est en revanche partiellement vrai pour un cas très précis : les mères célibataires pauvres et chômeuses en fin de droits. De fait, il est fréquemment rationnel pour elles de rester au RSA, qui est d'environ 982 euros si elles élèvent deux enfants, plutôt que de passer à un poste à temps partiel payé au SMIC, profil-type d'emploi qu'elles parviennent en général à obtenir.

En d'autres termes, le problème n'est pas que les chômeurs pauvres gagnent plus en restant au chômage qu'en travaillant, puisque c'est essentiellement faux : le problème est que l'enfermement des femmes pauvres dans des postes à temps partiel et à très bas salaire encourage mécaniquement leur relégation dans le rôle de mères au foyer[1]. Toujours est-il que cette situation ne produit absolument pas pour ces femmes un confortable assistanat : les mères célibataires sont la catégorie de foyer la plus massivement touchée par la pauvreté[2].

Accessoirement, contrairement à des légendes tenaces, n'oublions pas que les aides sociales sont plafonnées en France[3], de sorte qu'il n'est pas possible de les accumuler jusqu'à mieux vivre qu'un travailleur smicard.

---

1. Les montants ici cités du « RSA-socle » sont valables au 1er septembre 2017. Le SMIC horaire utilisé pour calculer les temps de travail nécessaires est valable pour l'année 2017.

2. « France, portrait social, édition 2016 », *Insee Références*, p. 177.

3. Par exemple, il est possible de cumuler l'allocation de solidarité spécifique (ASS) avec le RSA, mais dans ce cas le RSA obtenu va baisser.

Le fait qu'environ un tiers des personnes ayant droit au RSA ne le réclament pas[1] contredit en outre le mythe du chômeur pauvre avide de vivre sur les aides sociales. Rappelons par ailleurs que les deux tiers des bénéficiaires du RSA vivent sous le seuil de pauvreté[2], ce qui suffit à démontrer qu'ils sont dans un état plus proche de la survie que de celui du confort. Il est donc objectivement absurde de les soupçonner de ne pas souhaiter accéder à un emploi rémunéré s'il leur était proposé.

Nous sommes des millions à avoir eu droit, enfants, à cette plaisanterie ancestrale : des adultes, généralement un parent, nous ont fait croire qu'il était possible de capturer un dahu, alors qu'en réalité cet animal n'existe pas. Puisque les offres d'emploi non pourvues faute de candidat laisseraient 98 % des chômeurs au chômage même si elles étaient toutes satisfaites, il convient de décrire pour ce qu'elle est la politique exigeant des chômeurs qu'ils cherchent un emploi : c'est une gigantesque chasse au dahu.

Cette situation pourrait n'être que grotesque, absurde et risible. Elle est cependant, avant tout, macabre. L'Inserm[3] a établi que le taux de mortalité des chômeurs est anormalement élevé, au point que leur surmortalité est presque trois fois supérieure à celle des personnes en activité. Elle évalue que, notamment du fait de davantage de pathologies chroniques

---

1. Comité national d'évaluation du RSA, annexe 1 : « Le non-recours au RSA et ses motifs », décembre 2011, p. 9.
2. « Les niveaux de vie en 2015 », *Insee Première*, n° 1665, septembre 2017, p. 2.
3. Inserm : Institut national de la santé et de la recherche médicale.

et d'accidents cardio-vasculaires, le chômage entraîne la mort de 10000 à 20000 personnes par an[1]. Pire encore, la recherche médicale épidémiologique a constaté en France que, après le krach financier de 2007, l'augmentation du chômage est allée de pair avec celle du nombre de suicides, avec manifestement un lien de cause à effet[2]. En clair : *être au chômage tue*. Sachant cela, qui peut alors, en conscience, plaider la thèse des chômeurs volontaires ?

La façon dont les chômeurs sont aujourd'hui traités chez nous est pourtant fondée sur ce postulat : il faut les surveiller et les culpabiliser, ce qui revient *de facto* à les juger coupables de leur sort.

Journaliste d'investigation, Florence Aubenas est connue pour ses nombreux reportages en zones de guerre et pour avoir été cinq mois durant otage en Irak, en 2005. En 2009, elle prit un congé sans solde et s'inscrivit comme demandeuse d'emploi dans une agence Pôle emploi de Caen pour faire une enquête en immersion : le livre *Le Quai de Ouistreham*[3]. Elle constata immédiatement la tendance des agents de Pôle emploi, comme s'ils étaient en pilotage automatique, à coller mentalement sur chaque chômeur des étiquettes dont, ensuite, leur regard sur lui ne se départirait plus. Ainsi vit-elle sa « conseillère » classer

---

1. Meneton, P., Kesse-Guyot, E., Méjean, C. et alii., « Unemployment Is Associated with High Cardiovascular Event Rate and Increased All-Cause Mortality in Middle-Aged Socially Privileged Individuals », *Int. Arch. Occup. Environ. Health*, 88, 2015, p. 707-716.

2. Laanani, M., Ghosn, W., Jougla, É., Rey, G., « Association entre taux de chômage et suicide, par sexe et classe d'âge, en France métropolitaine, 2000-2010 », *Bulletin épidémiologique hebdomadaire*. n° 1-2, 2015, p. 2-6.

3. Florence Aubenas, *Le Quai de Ouistreham*, *op. cit.*

son faux profil de femme seule quadragénaire, sans formation ni salaire récent, « dans la zone Haut Risque Statistique[1] ».

Elle s'attendait, comme nombre de gens un jour réellement tombés dans le chômage, à ce qu'il y ait plusieurs offres et à avoir quelques mois pour les comparer, les « soupeser », avant de prendre une décision. En réalité, dès son premier entretien à l'agence, la conseillère Pôle emploi, une fois qu'elle l'eut mentalement rangée dans une catégorie condamnée à telle trajectoire, se mit à faire pression sur elle « au bout d'une douzaine de minutes » pour qu'elle accepte de devenir femme de ménage[2]. Les éléments de langage employés pour obtenir son consentement formel sont particulièrement révélateurs. C'était un mélange de rhétorique publicitaire présentant cela comme l'opportunité d'une vie meilleure ; de manipulation pour faire croire que la personne est aimablement conseillée, et non pas mise sous pression ; ainsi que de discours délibérément dévalorisants, pour faire peur à la personne, non sans inclure une menace voilée de mort sociale. Cela donnait : « Est-ce que vous voulez commencer une nouvelle vie ? Agent d'entretien, qu'est-ce que vous en pensez ? Les métiers de la propreté, c'est l'avenir, mais il faut se décider maintenant. Le marché est en pleine structuration, il va se refermer d'ici peu. Un cycle de formation des métiers de la propreté se met en place avec un bac spécialisé, peut-être même un troisième cycle. Dans un an ou deux, les entreprises ne prendront plus que des femmes de ménage

1. *Ibid.*, p. 33.
2. *Ibid.*, p. 25.

diplômées. Ce sera trop tard pour des gens comme vous, sans qualification. Vous devez vous lancer maintenant sinon vous n'aurez plus aucune chance[1]. »

L'ambiance pour tout dire orwellienne de l'agence Pôle emploi ne s'arrêtait pas là. La journaliste observa que l'aménagement des lieux semblait avoir été intentionnellement disposé pour que rien n'invite quiconque à s'installer ou à s'attarder où que ce soit. Le vaste hall servait ainsi simultanément de point d'accueil, de salle d'attente, de cabine téléphonique et de lieu de consultation des offres d'emploi sur des ordinateurs : le tout avec, pour ce faire, des pupitres à hauteur d'homme, sans fauteuil, ni table, ni paroi, ni espace privatif. Qu'ils fussent agents de Pôle emploi ou chômeurs, tous les êtres humains qui se trouvaient là étaient donc condamnés par la disposition des lieux à se croiser sans entrer en contact, ni s'adresser la parole, ni s'asseoir dans un début élémentaire de convivialité : au contraire, l'organisation de l'espace était étudiée pour désocialiser. Détail supplémentaire glaçant et digne des meilleurs classiques de la littérature contre-utopique : quelques chaises métalliquement soudées entre elles constituaient le seul endroit où s'asseoir était possible. Or, elles étaient installées devant un écran diffusant un film de Pôle emploi qui répétait en boucle, sur le ton d'une comptine : « Vous avez des droits, mais aussi des devoirs. Vous pouvez être radié[2]. »

Plus prosaïquement, Florence Aubenas constata que la situation humainement dégradée à Pôle emploi

1. *Ibid.*, p. 34.
2. *Ibid.*, p. 25.

s'expliquait en partie par des consignes délibérées de la hiérarchie. Saisir la situation de chaque chômeur dans toute sa détresse et sa complexité, le regarder en être humain plutôt qu'en bétail à « caser » d'urgence pour optimiser le nombre de dossiers que l'on traite demandait du temps. Or, alors que, encore quelques années plus tôt, les entretiens avec les nouveaux inscrits pour dresser un véritable bilan de leur situation économique et sociale n'avaient pas de durée prédéfinie, les consignes de la hiérarchie les limitaient en 2009 à un maximum de seulement vingt minutes. « Vous n'êtes plus là pour faire du social, cette époque est finie. Il faut faire du chiffre. Apprenez à appeler "client" le demandeur d'emploi. » Tel est le mot d'ordre général que rapporte la journaliste, et qui « vient d'en haut ».

De fait, alors que, auparavant, le recrutement d'agents privilégiait les profils de travailleurs sociaux, à l'époque du livre Pôle emploi ciblait prioritairement l'embauche de profils commerciaux[1].

La culpabilisation des chômeurs a-t-elle changé ? Non, puisqu'elle peut même, aujourd'hui encore, aller jusqu'à leur infantilisation débridée, avec un lourd sous-entendu culpabilisant sur un manque présumé d'efforts dans la recherche d'emploi. C'est ce qui s'est produit lorsqu'en mai 2017 l'agence Pôle emploi de Compiègne-Margny a publié sur Facebook une infographie exposant aux chômeurs ce qu'ils devraient faire de leur journée, avec minutage détaillé, pour être de bons chercheurs d'emploi. La publication fut effacée face au tollé.

1. *Ibid.*, p. 31.

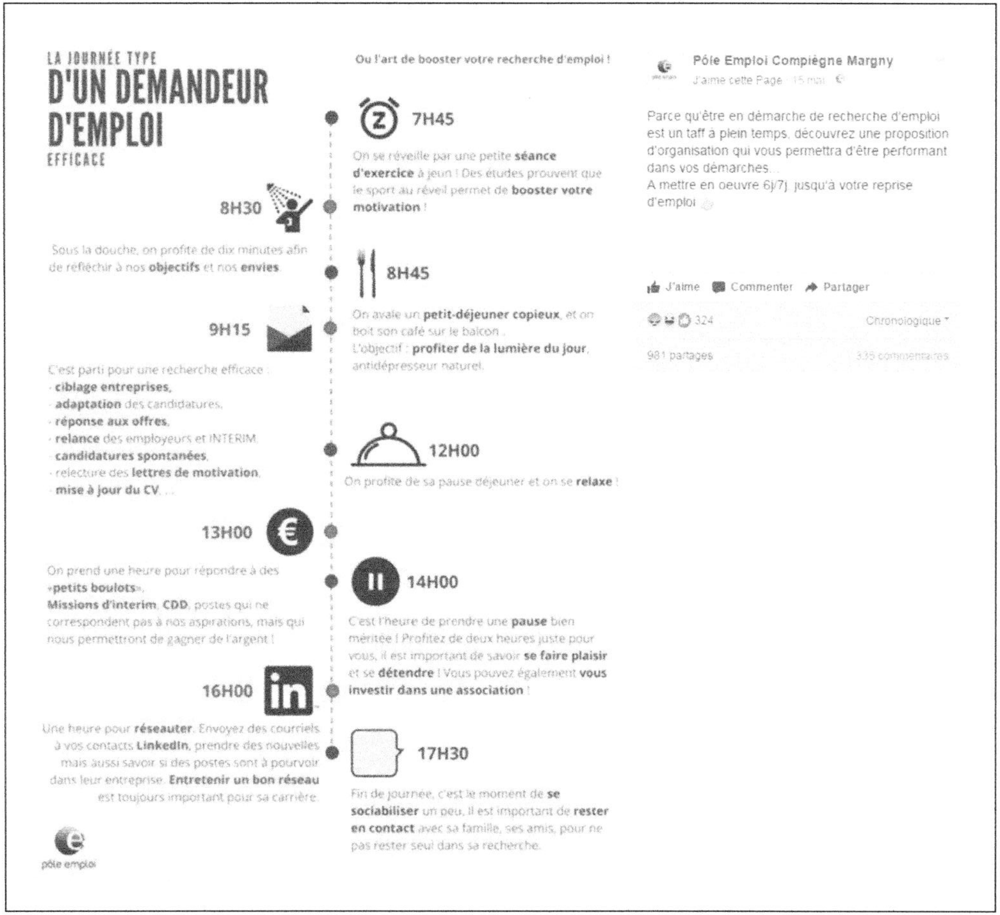
LA JOURNÉE TYPE
D'UN DEMANDEUR D'EMPLOI
EFFICACE
Ou l'art de booster votre recherche d'emploi !
7H45
On se réveille par une petite séance d'exercice à jeun ! Des études prouvent que le sport au réveil permet de booster votre motivation !
8H30
Sous la douche, on profite de dix minutes afin de réfléchir à nos objectifs et nos envies
8H45
On avale un petit-déjeuner copieux, et on boit son café sur le balcon.
L'objectif : profiter de la lumière du jour, antidépresseur naturel.
9H15
C'est parti pour une recherche efficace :
- ciblage entreprises,
- adaptation des candidatures,
- réponse aux offres,
- relance des employeurs et INTERIM,
- candidatures spontanées,
- relecture des lettres de motivation,
- mise à jour du CV, ...
12H00
On profite de sa pause déjeuner et on se relaxe !
13H00
On prend une heure pour répondre à des «petits boulots».
Missions d'interim, CDD, postes qui ne correspondent pas à nos aspirations, mais qui nous permettront de gagner de l'argent !
14H00
C'est l'heure de prendre une pause bien méritée ! Profitez de deux heures juste pour vous, il est important de savoir se faire plaisir et se détendre ! Vous pouvez également vous investir dans une association !
16H00
Une heure pour réseauter. Envoyez des courriels à vos contacts LinkedIn, prendre des nouvelles mais aussi savoir si des postes sont à pourvoir dans leur entreprise. Entretenir un bon réseau est toujours important pour sa carrière.
17H30
Fin de journée, c'est le moment de se sociabiliser un peu. Il est important de rester en contact avec sa famille, ses amis, pour ne pas rester seul dans sa recherche.
pôle emploi
Pôle Emploi Compiègne Margny
J'aime cette Page · 15 mai
Parce qu'être en démarche de recherche d'emploi est un taff à plein temps, découvrez une proposition d'organisation qui vous permettra d'être performant dans vos démarches...
A mettre en oeuvre 6j/7j jusqu'à votre reprise d'emploi
J'aime
Commenter
Partager
324
Chronologique
981 partages
335 commentaires

En toile de fond de ce système délibérément déshumanisé se trouve une politique fondée sur la surveillance massive des chômeurs, afin de vérifier qu'ils cherchent assez intensivement un emploi : c'est l'objectif fondamental de ce que Pôle emploi appelle le « suivi mensuel personnalisé ». Cela revient bel et bien à exiger d'eux de chasser le dahu puisque, *bis repetita*, même si les offres d'emploi non pourvues faute de candidat étaient soudain toutes satisfaites, 98 % des chômeurs resteraient privés de poste.

Dans un stupéfiant renversement des rôles, les chômeurs sont même explicitement évalués par Pôle emploi sur leur efficacité à chercher du travail, alors que, de par la Déclaration universelle des droits de l'homme, ce serait plutôt à eux de juger la compétence des pouvoirs publics pour leur donner promptement un emploi[1].

Autre levier de pression, les chômeurs sont rapidement confrontés à l'exercice d'une définition de leur profil de recherche d'emploi avec leur conseiller. Sur le papier, il s'agit d'une étape dont le chômeur lui-même est le pilote, assisté des conseils bienveillants de l'agent de Pôle emploi. La réalité est toutefois plus brutale.

D'un côté, dans un contexte de sous-effectif chronique destiné à rogner sur les coûts, l'agent est lui-même sous la pression de sa hiérarchie qui le pousse à traiter beaucoup plus de dossiers que cela ne lui est raisonnablement faisable. Il a, d'ailleurs, des

1. Lynda Lavitry, *Flexibilité des chômeurs, mode d'emploi. Les conseillers à l'emploi à l'épreuve de l'activation*, Presses universitaires de France, 2015, p. 83.

indicateurs d'abattage de dossiers à satisfaire. Dès lors que le chômeur qui lui fait face n'est pas dans un secteur qui recrute beaucoup et vite, il est très puissamment incité à obtenir de lui, le plus vite possible, qu'il tire ses attentes vers le bas, qu'il dévalue le type d'emploi et le niveau de rémunération qu'il demande ; et ce quitte à frôler ou franchir la limite du harcèlement moral pour que l'intéressé cède.

De l'autre côté, le chômeur, lui, a au contraire tout intérêt à tenir bon sur ses exigences, dans l'espoir – qui peut parfaitement se révéler raisonnable – que prendre quelques mois de patience permettra de revenir à l'emploi sans déclassement social. Qui plus est, l'absence de baisse de l'indemnisation chômage avec le temps et sa durée, qui peut atteindre deux ans, l'encouragent à ne pas brader son CV.

En d'autres termes, l'intérêt de l'agent de Pôle emploi et celui du chômeur qu'il « conseille » sont opposés, et non pas concordants.

Si l'on ajoute à ce constat que les agents ont dorénavant de plus en plus un profil de commercial et non pas de travailleur social, il apparaît que, dès l'étape de la définition du profil de recherche d'emploi, la réalité est le plus souvent la création d'un rapport de forces pur et dur. Sous une apparence de conseils objectifs, moins le secteur où travaillait le chômeur recrute, plus l'agent fait pression sur lui pour qu'il accepte de dégrader ses exigences : y compris jusqu'à accepter un possible déménagement lointain, ou une formation dans un domaine qui entraînera mécaniquement son déclassement social[1].

1. *Ibid.*, p. 87.

Cela étant, ce rapport de forces est loin d'être équitable. Car, d'une part, la redéfinition (entre 2005 et 2008) de ce que Pôle emploi entend par « offre d'emploi convenable » permet désormais à l'agent d'aller très loin dans ce qu'il peut sommer le chômeur d'accepter, et, d'autre part, l'agent est souverain pour décréter que le chômeur satisfait ou pas à son obligation de chercher activement un emploi, ce qui constitue un levier de pression à son libre usage. Indice très clair de la réalité des pressions, cela se traduit en pratique, à force d'insistance, par la baisse des exigences salariales des chômeurs au fur et à mesure qu'augmente leur durée d'indemnisation[1].

Les chômeurs sont inégaux face aux pressions des agents, car ces derniers appliquent sur eux un véritable système d'étiquetage. « Apte », « compliant », « recherchant un emploi dans un secteur pourvoyeur d'offres » : telles sont les trois catégories que votre conseiller Pôle emploi a en tête lorsqu'il examine votre dossier.

Vous êtes « apte » si vous avez la santé et la formation pour exercer un emploi. Vous êtes « compliant » si vous obéissez aux indications et procédures de Pôle emploi. Vous êtes jugé « recherchant un emploi dans un secteur pourvoyeur d'offres » si, en effet, ledit secteur recrute.

À partir de ces briques élémentaires, le conseiller vous range mentalement dans l'une des cinq grandes boîtes possibles. Le « client idéal » est le chômeur qui satisfait à la fois les trois catégories fondamentales : le conseiller aura tendance à lui laisser la bride

1. *Ibid.*, p. 96.

abattue, parce qu'il considère que le retour à l'emploi va très probablement se faire vite. Le « chômeur involontaire » est « apte » et « compliant », mais le secteur dans lequel il recherche est peu pourvoyeur d'offres ? Le conseiller va donc faire pression sur lui pour qu'il dégrade ses exigences. Le « chômeur à surveiller » est soupçonné de travail clandestin, car il est « apte » et dans un secteur qui embauche mais n'est pas embauché ? Pôle emploi va tendre à diligenter une enquête quasiment policière. Quant au « chômeur volontaire », il est celui que le conseiller va soupçonner de préférer rester au chômage, par exemple parce que le niveau du RSA et celui de la paie à temps partiel qu'il peut espérer s'il travaille lui semblent, à tort ou à raison, proches. Enfin, le « chômeur implaçable » est celui que le conseiller décrète impossible à recruter du fait de stigmates de la grande pauvreté : illettrisme, absence totale de qualification, santé défaillante, problèmes psychologiques, maintien tellement prolongé dans le chômage que la personne lui semble devenue profondément asociale... Dans ce dernier cas, l'agent de Pôle emploi refuse généralement l'inscription et oriente l'intéressé vers une assistante sociale pour être « inscrit sur le volet santé », c'est-à-dire définitivement exclu de la vie socio-économique du pays[1].

Jointe au volume stakhanoviste de dossiers que les agents sont sommés de traiter – qui les empêche de personnaliser le traitement des chômeurs quand bien même ils le voudraient –, cette organisation de Pôle emploi ressemblant à une immense gare de

1. *Ibid.*, p. 121.

triage d'êtres humains conduit mécaniquement et nécessairement à ce que l'ensemble du processus soit déshumanisé.

De fait, la plupart des enquêtes, des reportages et des livres sur ce sujet convergent pour décrire là un état d'inhumanité. Ce sont ces règles incompréhensibles qu'il faut néanmoins respecter à la lettre, sous peine de sanction voire de radiation. Ce sont ces formulaires informatisés, ces CV en ligne, abscons même pour la population habituée à l'utilisation d'ordinateurs, d'Internet et d'un smartphone, mais qu'il faut quand même remplir, sous peine de sanction voire de radiation. C'est l'angoisse de ne pas décrocher le téléphone à temps alors qu'il faut impérativement répondre au coup de fil de Pôle emploi, sous peine de sanction voire de radiation.

Pôle emploi n'appliquant pas la réciprocité en la matière, ce sont en revanche ces longues heures d'attente téléphonique qu'il faut subir avant d'obtenir un conseiller au bout du fil : surchargé d'appels du fait d'un sous-effectif destiné à réduire les coûts, ce dernier peut, par fatigue et par nervosité, se faire expéditif ou agressif. C'est la muraille de Chine, très bien connue de tout chômeur, du « Je ne peux rien faire pour vous », en invoquant le talisman de la procédure en vigueur, sans prendre en compte le cas particulier de l'être humain qui s'est présenté au guichet. Il faut aussi endurer l'organisation intentionnelle de l'anonymat des décisions négatives, faite pour que les chômeurs ne parviennent pas à remonter la chaîne décisionnelle et tombent dans un dédale kafkaïen s'ils veulent obtenir l'annulation ou l'atténuation d'une telle décision. Ce sont encore ces tensions dans la nuque, les épaules, cette boule d'angoisse au ventre, que des millions d'entre nous ont connues et qui marquent physiquement la peur de devenir un paria : peur entretenue par les pressions de Pôle emploi, elles-mêmes inhérentes à son fonctionnement fondé sur la suspicion de masse. C'est aussi la honte intime et solitaire : la honte d'être chômeur, précisément parce que le système tout entier de traitement du chômage est construit pour persuader chaque sans emploi et la société qui l'environne qu'il est coupable de son sort. C'est enfin la crainte permanente, et parfaitement justifiée, de se voir radié de Pôle emploi au moindre faux pas dans la jungle des procédures à respecter pour garder son indemnisation, procédures absconses voire ubuesques et toujours déshumanisantes.

Au demeurant, non seulement ce système est devenu inhumain mais, de l'avis général, il ne fonctionne pas. Les catégories utilisées par Pôle emploi pour classer les chômeurs ne reflètent ni les souhaits ni le projet professionnel du chômeur : elles sont hyper-focalisées sur des données beaucoup trop incomplètes, à savoir le secteur d'activité et le niveau de salaire souhaité.

Indice clair de bureaucratisme, c'est le calendrier des rendez-vous à Pôle emploi imposés par les procédures, et pas l'évolution de la recherche d'emploi, qui détermine le rythme et l'abondance des mesures d'accompagnement destinées aux chômeurs.

La réglementation qu'agents et chômeurs sont tenus de respecter est extrêmement complexe, avec notamment pas moins d'une quarantaine d'allocations et aides différentes que doit gérer Pôle emploi.

Cette réglementation est par ailleurs fréquemment illisible. Exemple : « Le différé visé au § 1er est augmenté d'un différé spécifique en cas de prise en charge consécutive à une cessation de contrat de travail, résultant d'un autre motif que celui énoncé à l'article L. 1233-3 du code du travail, ayant donné lieu au versement d'indemnités ou de toute autre somme inhérente à cette rupture, quelle que soit leur nature, dès lors que leur montant ou leurs modalités de calcul ne résultent pas directement de l'application d'une disposition législative[1],[2]. » Comprenne qui peut !

Parallèlement, alors qu'en théorie c'est le cœur de métier de Pôle emploi, son expertise du marché du travail et ses prestations sont les éléments envers lesquels, selon les enquêtes de satisfaction disponibles, chômeurs et entreprises se déclarent extrêmement insatisfaits. Les agents de Pôle emploi eux-mêmes ne peuvent que constater combien les informations à leur disposition pour effectuer leur travail sont au mieux trop fragmentaires, au pire franchement périmées.

Cas criant d'inadaptation, en moyenne 25 % des demandeurs d'emploi abandonnent la création d'un CV en ligne au bout de vingt minutes : à tel point que sa « CV-thèque », avec 4 millions de CV, est largement derrière celle, par exemple, du réseau social professionnel Viadeo qui en totalise 7 millions.

---

1. Extrait de l'article 21 § 2 de la convention d'assurance chômage du 14 mai 2014.
2. Lynda Lavitry, *Flexibilité des chômeurs…*, *op. cit.*, p. 114; Cour des comptes, *Pôle emploi à l'épreuve du chômage de masse*, juillet 2015, p. 22 et 80.

Plus grave, bien que ce soit censément sa finalité prioritaire, le nombre de demandeurs d'emploi adressés par Pôle emploi aux entreprises est en baisse[1].

Surveillance oppressante, culpabilisation et accumulation de chausse-trappes ne sont pas sans efficacité : en 2010, l'absence du demandeur d'emploi à une convocation en entretien de « suivi mensuel personnalisé » – ce qui traduit généralement le fait de jeter l'éponge – représente 92 % des motifs de radiation administrative ; c'est-à-dire d'expulsion hors du système de Pôle emploi[2]. Pendant ce temps, dans le monde réel, il y a en France 47 fois plus de chômeurs que d'offres d'emploi non pourvues faute de candidats.

L'exigence de chercher un emploi étant donc parfaitement vaine pour l'écrasante majorité d'entre eux, sans doute est-il temps de qualifier ce système pour ce qu'il est : un gigantesque engrenage de persécution des millions d'êtres humains tombés dans le chômage, afin de leur faire porter en eux et vis-à-vis de la société la responsabilité de leur condition ; ce qui est un mensonge, doublé d'une infamie.

Projet de culpabilisation et de persécution des chômeurs, l'Antisocial ne s'arrêtera pas. Nous devons donc l'arrêter.

---

1. Cour des comptes, *Pôle emploi à l'épreuve…*, *op. cit.*, p. 40, 66 et 84.
2. Lynda Lavitry, *Flexibilité des chômeurs…*, *op. cit.*, p. 95.

2

Anti-code du travail

> « La réforme du code du travail ? On vaut mieux que ça ! C'est pas qu'il y ait deux ou trois failles, c'est qu'on vaut mieux que ça ! »

L'1consolable, « On vaut mieux que ça », 2016.

Le code du travail est l'exact contraire de l'Antisocial. Alors que ce dernier est une dynamique en marche arrière visant à démanteler morceau après morceau notre modèle de protection sociale, le code du travail, lui, de sa naissance en 1910 comme recueil des premières grandes lois sociales jusqu'à son épaississement, au fil des décennies, afin d'incorporer de nouvelles réglementations et protections, a servi à encadrer, discipliner et *humaniser* l'économie de marché.

« Humaniser » n'est pas un mot trop fort : rappelons qu'encore tout récemment – à l'échelle de l'Histoire – l'économie de marché s'accommoda en France aussi bien du travail des enfants que de l'esclavage, avant que la loi n'y mette bon ordre.

Plus près de nous, rappelons également les propos tenus par Alexandre de Juniac, à l'époque dirigeant d'Air France, lors de l'édition 2014 des Entretiens de Royaumont. Voici ce qu'il déclarait[1] devant un parterre de représentants de la fraction des élites politiques et économiques françaises la plus favorable à l'oligarchisme[2] : « Je me suis penché sur la réglementation du travail des enfants, qui est un acquis social. Alors vous savez que les premières réglementations datent de 1840. Il fallait avoir au moins 8 ans. Ensuite c'est monté à 12 ans, puis ensuite c'est monté à 16 ans. Ça veut dire quoi ? Ça veut dire que même la notion d'enfant a évolué. C'est quoi l'âge d'un enfant, de nos jours ? Est-ce que c'est 16, 18 ou 20 ans ? On pense à donner le droit de vote à des enfants qui ont 16 ans ? Est-ce que ce sont des enfants, je ne sais plus... Est-ce qu'il faut les faire travailler, pas travailler ? Pas sûr. » Et d'ajouter, lors du même discours : « Donc vous voyez, une concurrence un peu compliquée, face à des gens qui n'ont pas les mêmes droits, les mêmes acquis sociaux. Donc vous voyez qu'il va falloir réfléchir à revoir la notion d'acquis social. » Tandis que le dirigeant d'Air France, dont l'État est le principal actionnaire, venait *de facto* de faire l'apologie du travail des enfants, rigoureusement personne dans le public ne protesta : son discours fut même applaudi.

Que l'Antisocial remette inlassablement sur la table, encore et encore, la question de la réforme du code du travail est cohérent avec sa logique. Il faut y

1. Source : *Fakir*, n° 75.

2. Notamment Pierre Gattaz, président du Mouvement des entreprises de France (Medef).

voir les coups de bélier de l'assiégeant pour qu'à force de brèches dans ses murailles, la forteresse tombe. Cette forteresse, ce sont les droits de la population salariée, c'est-à-dire presque 90 % de la population active française[1]. Quant aux coups de bélier, ils prennent deux formes : une propagande permanente de diabolisation du code du travail; et une avalanche de réformes pour le vider de sa substance protectrice.

La taille du code du travail français est régulièrement comparée, pour le disqualifier, à celle du code suisse. François Bayrou l'a fait sur le plateau de France 2 en 2014 : littéralement, il exhiba à l'écran l'énorme pavé français et le mince fascicule helvétique. Similairement, ces dernières années Pierre Gattaz[2] a, de façon répétitive, vanté la concision dudit code du travail suisse, qu'il évalue à 60 pages seulement, brièveté gage, selon lui, de simplicité et donc d'efficacité économique[3].

En réalité, cette comparaison est fallacieuse. Au sens strict, la Suisse n'a tout simplement pas de code du travail : contrairement à la France, ce pays ne possède pas, à ce jour, un recueil officiel de l'ensemble des dispositions nationales en vigueur pour réglementer le monde du travail. Le document suisse invoqué par les adversaires du code du travail français est en fait la législation helvétique au niveau

1. Insee, *Tableaux de l'économie française*, 2016, p. 43.

2. Pierre Gattaz est président du Medef, principale organisation patronale française à l'heure où j'écris ces lignes. Il est également le fils d'Yvon Gattaz, qui fut président du CNPF, l'ancêtre du Medef, dans les années 1980.

3. « Combien de pages compte le code du travail suisse ? », *La Tribune de Genève*, 1er juin 2017.

national, rien de plus. Or, la Suisse est un État fédéral, où chaque canton ajoute ses propres règles : par exemple, alors que la loi nationale interdit à l'employeur de renvoyer une femme pendant qu'elle est enceinte et jusqu'à quatorze semaines après l'accouchement, le canton de Genève, lui, applique un délai de seize semaines. Pour comparer la longueur du droit du travail suisse à celle du droit du travail français, il faudrait donc, en toute rigueur, ajouter ces règles locales : auquel cas le « code du travail » suisse cesserait très vite de ne compter que quelques dizaines de pages.

Comme l'a rappelé Alain Supiot, juriste et professeur au Collège de France, en recourant à ce type d'argument – la grosseur d'un livre –, « on touche au degré zéro de la gouvernance par les nombres, qui mesure la qualité d'un texte à son poids[1] ».

Il faut en outre comprendre que, sur le fond, le droit du travail suisse crée pour les salariés des conditions extrêmement précaires : dans ce pays, il n'y a pas de salaire minimum garanti ; l'employeur a le droit de rompre votre contrat de travail si vous refusez de modifier son contenu ; plus largement, il est libre de rompre un CDI à sa guise, à la seule condition de respecter un délai de préavis, délai qui sera un peu plus long pour les malades, les accidentés du travail et les femmes enceintes. Si l'on s'intéresse donc au contenu des textes plutôt qu'au nombre de pages total, les apologistes du droit du travail

1. Alain Supiot, « Non, le code du travail n'est pas le problème ! », *Le Monde*, 14 octobre 2014.

helvétique plaident *de facto* pour un colossal recul des protections des salariés français.

Par ailleurs, aussi surprenant que cela paraisse à force d'entendre le contraire, la législation française du travail n'est pas si longue qu'on le prétend. Elle ne pèse en effet que 10 % du volume total du code du travail, soit environ 300 pages. Les quelque 2 500 pages qui constituent le reste du code ne sont pas des textes de loi mais de la jurisprudence, c'est-à-dire les jugements accumulés au fil des ans pour traiter des situations précises non couvertes par la loi et qui, par la suite, ont servi de jugements modèles à l'ensemble des tribunaux français. Ainsi, les articles L. 1221-2 et L. 1221-3 du code, qui définissent ensemble le CDI, font à peine une dizaine de lignes : viennent ensuite des pages et des pages de jurisprudence précisant une foule de cas particuliers.

Ce point est fondamental. Il prouve que même lorsqu'à l'origine le droit du travail est relativement concis, sa confrontation avec l'extrême variété des situations du monde réel se charge de l'épaissir *via* la jurisprudence. Autrement dit, l'abondance de jurisprudence prouve qu'il n'est pas possible d'avoir un droit du travail court.

Un constat indépendant de toute idéologie puisqu'aux États-Unis d'Amérique, dont le droit social est largement moins protecteur qu'en France, le droit du travail fédéral fait à lui seul près de 1 400 pages[1], auxquelles il faut ajouter les règles des États fédérés.

1. United States Code, Public Law 115-64 (29/09/2017), Title 29 – Labour.

L'argument de l'excessive longueur de notre code du travail ne tient pas non plus une fois comparé au reste de notre propre législation.

En 2016, le code du travail atteint 3 029 pages. Le code monétaire et financier en fait 3 363 : c'est plus long. Le code du commerce 3 472 : c'est encore plus long. Ces recueils de texte ont, dans notre vie économique, une importance au moins équivalente à celle du code du travail, puisqu'ils traitent de rien moins que la finance et le commerce. Pourtant, seule la longueur du code du travail, bien qu'inférieure à la leur, est évoquée *ad nauseam* dans le débat public. Accessoirement, *bis repetita* : l'argument de la taille pour disqualifier un code est stupide en soi, puisque ce qui compte dans tout écrit juridique est sa pertinence pour réglementer ce dont il traite, et non sa longueur.

L'accusation de complexité excessive ne tient pas davantage. Il est certes incontestable que le code du travail regorge de passages difficiles à comprendre, voire proches de l'illisibilité : cela en particulier parce que beaucoup d'articles accumulent les renvois à d'autres articles. Par exemple, l'article R. 1522-16 dit ceci :

« Lorsque le volet social n'est pas adressé dans le délai prévu à l'article R. 1522-6 du présent code, il est fait application des articles R. 243-16, R. 243-19, R. 243-19-1 et R. 243-20 du code de la sécurité sociale. Lorsque le prélèvement des cotisations sociales n'est pas honoré, il est fait application des dispositions des articles R. 243-18, R. 243-19,

R. 243-19-1, R. 243-20, R. 243-20-3 et R. 243-21 du code de la sécurité sociale. »

Il faut donc faire un effort pénible de traduction, en allant chercher tous les articles cités pour comprendre ces deux phrases. Il est néanmoins malhonnête de faire spécifiquement ce reproche au code du travail pour la simple raison que ce problème se pose à *tous* les codes du droit français, sans exception. La complexité peut même aller, dans certains autres codes, bien plus loin. Ainsi le code monétaire et financier inclut-il en guise de textes juridiques des formules de mathématiques, incompréhensibles même pour quelqu'un qui aurait atteint le baccalauréat scientifique. L'on constate donc, là encore, un problème à la fois de faux procès et de « deux poids, deux mesures ».

Les réformes successives du code du travail menées en répétant qu'il est trop long et trop complexe l'ont-elles raccourci ? L'ont-elles simplifié ? La réponse est : non. Que ce soit la loi Macron de 2015 ou la loi El Khomri – dite « loi Travail » – en 2016, si dans les deux cas l'argumentation reposa tout particulièrement sur le besoin d'un code plus simple et plus court, au final la réforme adoptée a empilé davantage de dispositifs dérogatoires, de cas particuliers, sur le texte existant, ce qui l'a – par conséquent – complexifié et rallongé. Sans doute est-ce là la preuve ultime, très simple, de la foncière malhonnêteté de cette rhétorique de diabolisation.

En parallèle de la propagande destinée à délégitimer le code du travail en tant que document nécessaire à la protection des salariés, les réformes s'accumulent pour multiplier les brèches dans la digue.

Avant que ne débute la grande marche arrière de l'Antisocial, le droit du travail en France s'est progressivement organisé comme une pyramide à l'envers, à trois étages. Au sommet se trouve la loi, qui depuis le XIXe siècle a civilisé la brutalité spontanée de l'économie de marché : ainsi de l'interdiction du travail des enfants de moins de 8 ans dans les entreprises de plus de 20 salariés, par une loi de 1841. À l'étage intermédiaire se trouvent, depuis la première moitié du XXe siècle, les accords de branche et les conventions collectives. Ce sont des règles négociées entre patronat et syndicats, mais uniquement pour un secteur d'activité (par exemple les travaux publics), et éventuellement pour un territoire donné (par exemple un département). Il peut arriver que s'intercalent au-dessus d'elles des accords valables pour plusieurs secteurs : les accords interprofessionnels. Enfin, au rez-de-chaussée interviennent, depuis la seconde moitié du XXe siècle, les accords d'entreprise. Négociés entre le chef d'entreprise et des représentants syndicaux ou des représentants du personnel, puis éventuellement soumis au vote des salariés, ils créent des règles valables uniquement pour l'entreprise en question.

La loi est supérieure aux accords interprofessionnels, qui sont supérieurs aux accords de branche et aux conventions collectives, qui sont supérieurs aux accords d'entreprise : c'est la *hiérarchie des normes*. La règle d'un étage inférieur peut cependant contredire celle d'un étage supérieur, à la condition expresse que cela serve à donner aux salariés concernés des conditions de travail plus favorables : on parle de *principe de faveur*.

Notre début de XXIe siècle a vu cet édifice d'ordre public social méthodiquement et progressivement ébréché, déséquilibré, sapé dans ses fondations, jusqu'à en arriver aux grandes manœuvres actuelles visant à obtenir à l'écroulement.

Citons les principales étapes. En 2004 une réforme attaque directement le principe de faveur : elle autorise les accords de branche et les conventions collectives à adopter des règles *moins* favorables aux salariés que les accords interprofessionnels, qui pourtant se situent plus haut dans la hiérarchie des normes.

Nouveau coup de bélier en 2008 : la durée de la période d'essai, durant laquelle l'employeur est libre de se séparer du salarié à tout moment sans motif, est doublée, tandis qu'est créé le « CDD à objet défini ». Ce dernier permet de recruter un ingénieur ou un cadre pour une durée indéterminée, puis de rompre le contrat sans autre forme de procès sitôt que l'employeur le souhaite.

Autre assaut en 2015 : la durée maximale des CDD est doublée et la voilure des instances représentatives du personnel dans les entreprises réduite, de même que les devoirs de celles-ci concernant la pénibilité ou l'inaptitude au travail.

Énième attaque cette même année 2015 : la loi Macron. Comme c'est devenu l'habitude avec de telles réformes, de rares progrès sociaux sont concédés pour ensuite prétendre, en citant en boucle la même poignée d'avancées, que le texte promu n'inclut pas que des reculs. En l'occurrence, ce sont par exemple la meilleure protection des locataires à faible revenu ayant une personne âgée de plus de 65 ans à leur charge ou la majoration de 30 % des heures travaillées le dimanche dans les grandes surfaces alimentaires qui servent d'alibi. Il n'en demeure pas moins que la loi Macron, prise dans sa globalité, constitue un grand bond en arrière antisocial. Qu'on en juge.

Recul stupéfiant : pour la première fois depuis 1806, la loi Macron autorise en effet un employeur et un salarié à signer une convention dans le cadre du code civil, et donc complètement en dehors du code du travail. En clair, une relation employeur-employé pourra naître *sans contrat de travail*[1].

Alors que le principe de justice d'une condamnation est d'être à la hauteur du préjudice subi, la loi crée aussi une liste de condamnations forfaitaires qu'il est conseillé aux juges d'appliquer : mécaniquement cela revient à plafonner, donc réduire, le montant que les employeurs sont tenus de verser aux salariés à la suite d'un jugement aux prud'hommes.

Véritable déni du sens des mots, si un tribunal invalide un licenciement parce qu'il l'estime injustifié, cela ne l'invalide pas et ne donne pas lieu au versement d'une indemnité à la charge de l'employeur : le salarié injustement mis à la porte n'est donc ni réintégré ni indemnisé.

Pour seule sanction face au problème des travailleurs détachés, il est par ailleurs prévu que l'inspecteur du travail demande par écrit à l'employeur concerné de faire cesser la situation. Quant à

1. Gérard Filoche, « Pourquoi changer l'article 2064 du code civil ? », *Le Monde*, 14 janvier 2015.

l'obligation de reclasser les salariés en cas de « plan social », elle est maintenue à l'échelle de l'entreprise mais disparaît à celle du grand groupe. La rémunération du travail de nuit, rebaptisé « travail en soirée », est, de son côté, déterminée par le dialogue entre le patronat et les salariés, et non plus par la loi : en contexte de chômage de masse, c'est la porte ouverte au moins-disant.

Cette même loi Macron fait en outre reculer le droit au repos du dimanche, *via* divers instruments : la création de « zones touristiques internationales » où les magasins peuvent ouvrir tous les dimanches et tous les jours jusqu'à minuit ; le même système dans et autour des grandes gares ; le passage à douze par an du nombre de dimanches que maires et préfets peuvent décréter ouvrables, contre cinq auparavant.

Et ce alors que les études économiques disponibles indiquent que ce type de mesure ne crée pas d'emplois, attendu que ce qui est consommé le dimanche ne le sera pas le lendemain[1]. Quant au mythe du touriste chinois qui préfère Londres faute de pouvoir consommer le dimanche à Paris, il est invalidé par le fait que la France soit la première destination des touristes de ce pays en Europe[2].

Reste que l'impact de telles mesures est prévisible : dans un contexte de chômage de masse, et de bas

1. Philippe Moati et Laurent Pouquet, « L'ouverture des commerces le dimanche », Crédoc, *Cahier de recherche*, n° 246, novembre 2008.

2. Direction générale de la compétitivité de l'industrie et des services du ministère de l'Économie, « La France demeure le pays le plus visité », *Le 4 pages*, n° 36, juillet 2014.

salaires qui sont la norme dans les secteurs concernés, qu'ils le veuillent ou non les salariés ne peuvent qu'accepter lorsque le chef d'entreprise attend d'eux qu'ils travaillent le dimanche. Pis, la loi n'impose plus le « payé double » qui était le standard des heures de travail dominicales : spectaculaire recul, en l'absence d'accord collectif ou territorial, elle prévoit au contraire que le bonus horaire soit fixé par une « décision unilatérale de l'employeur[1] ».

En 2016, un autre coup de bélier fait date, en cela qu'il entérine dans la rue comme dans les enquêtes d'opinion la rupture entre le gouvernement d'alors et le peuple de gauche : il s'agit de la loi El Khomri, dite aussi « loi Travail ».

Une fois de plus, quelques timides progrès servent d'alibi pour promouvoir le texte dans le débat public : notamment la création d'un « compte personnel d'activité » destiné à stocker ses droits de formation professionnelle, ainsi que la reconnaissance du « droit à la déconnexion » d'Internet et du téléphone pendant les périodes de repos. Mais c'est l'arbuste qui cache la forêt de renoncements et reculs, car l'ampleur du bond en arrière antisocial est, là encore, radicale.

Clou dans le cercueil à la fois de la hiérarchie des normes et du principe de faveur, avec ce texte de 2016 les accords d'entreprise sont désormais considérés plus forts que les accords de branche. La loi va même jusqu'à prévoir que dans chaque entreprise, si

---

1. « Loi Macron, le choix du "toujours moins" », *Le Monde diplomatique*, avril 2015.

un tel accord existe, alors l'accord de branche ne s'applique pas, *même s'il est plus favorable* !

Les démantèlements ne manquent pas. Le maximum légal de 10 heures de travail par jour passe à 12 heures. Il devient même légal, pour une entreprise, de pratiquer ponctuellement la semaine de 60 heures. Les heures supplémentaires qui étaient calculées au maximum sur toute une année – ce qui posait déjà le problème de permettre à l'employeur une très forte accumulation d'heures supplémentaires à des périodes ponctuelles brèves – se voient autorisées dorénavant sur trois ans.

Alors que seules les sociétés en difficulté avaient le droit de passer des accords pour, par exemple, baisser les salaires ou accroître le temps de travail sans augmentation de rémunération, la loi autorise les entreprises en général à agir de la sorte – à la seule condition de pouvoir démontrer que le but à terme est d'embaucher plus. Ces accords peuvent violer le contrat de travail des salariés et, si ces derniers le refusent, il devient légal de les licencier.

Le travail de sape se poursuit : les licenciements économiques sont ainsi facilités grâce à un élargissement des motifs autorisés. Si certains tombent sous le sens – la baisse durable des commandes ou du chiffre d'affaires, la dégradation de la trésorerie –, d'autres, en revanche, ouvrent la porte à la précarisation massive des employés. Ainsi, le motif de sauvegarde de la compétitivité suffirait à justifier une vague de licenciements simplement en invoquant l'argument de la compétitivité-coût du travail ; quant au motif des « mutations technologiques », il légalise le lancement d'une grande charrette de licenciements économiques, du jour au lendemain, en cas d'innovation technologique[1].

Un nouveau coup de bélier survient en 2017 : les ordonnances d'Emmanuel Macron destinées à réécrire le code du travail. Une énième fois, selon la méthode éprouvée, de rares progrès servent à prétendre que le texte ne serait pas antisocial. Ici, c'est notamment le passage des indemnités légales de licenciement de 20 à 25 % qui joue ce rôle. Il n'en demeure pas moins que la dimension antisociale de la réforme touche là à l'extrémisme. Qu'on le constate.

Nous avons vu que la loi Macron de 2015 avait créé un barème des montants que les juges des prud'hommes étaient invités à appliquer en fonction de l'infraction : *ipso facto*, cela les encourageait à plafonner, donc à réduire, le niveau des sanctions financières payées par l'employeur. Les ordonnances de 2017, elles, vont radicalement plus loin. Elles rendent cette fois obligatoire pour les juges de respecter les planchers et les plafonds d'indemnisation qu'elle fixe. À un extrême un salarié ayant trente ans d'ancienneté peut escompter un maximum de vingt mois de salaire pour indemnisation d'un licenciement abusif. À l'autre extrême, un salarié n'ayant qu'un an d'ancienneté

1. « Référendum, forfaits jours, heures supplémentaires : ce qui va changer avec la loi El Khomri », *Les Échos*, 17 février 2016 ; « Temps de travail, licenciement, prud'hommes : ce que contient le projet de loi d'El Khomri », *Le Monde*, 18 février 2016 ; Martine Bulard, « Déluge de bombes sur le code du travail », *Le Monde diplomatique*, 19 février 2016 ; « Dans le détail, ce que contient la nouvelle version du projet de « loi Travail » », *Le Monde*, 8 mars 2016.

touchera, pour le même licenciement abusif, un mois de salaire.

La seule catégorie de salarié qui puisse encore obtenir une indemnité très élevée en cas de licenciement abusif est le cadre supérieur : tous les autres perdent cette possibilité parce que leur salaire n'est pas assez haut pour atteindre ce niveau d'indemnisation ; et ce, quand bien même le caractère abusif de leur licenciement serait très grave. À gravité égale du licenciement abusif subi, il y a donc deux poids, deux mesures. Ce qui crée indiscutablement une rupture d'égalité entre salariés, explicitement pro-riches et anti-pauvres. En outre, l'employeur n'est absolument plus dissuadé de recourir au licenciement abusif par crainte d'une sanction particulièrement lourde décidée aux prud'hommes puisqu'il peut, au contraire, provisionner le surcoût d'une condamnation, ce qui, par définition, vide celle-ci de son effet dissuasif.

Par ailleurs, pour les millions de personnes qui touchent des bas salaires (par exemple dans la grande distribution, la restauration ou les travaux publics), l'indemnité maximale autorisée est si basse qu'elle équivaut en pratique à donner à l'employeur un permis illimité de licenciement abusif moyennant un léger surcoût. En particulier, cette réforme précarise considérablement les populations aux salaires largement plus faibles que la moyenne : c'est-à-dire, concrètement, les jeunes, les femmes, les ouvriers, et plus globalement les pauvres.

En d'autres termes, il s'agit là bel et bien d'un cas d'école d'extrémisme antisocial.

Avec les ordonnances de 2017, les licenciements économiques sont encore plus facilités, spécifiquement pour une multinationale. Auparavant, pour juger des difficultés financières justifiant un « plan social », il fallait prendre en compte la situation d'une entreprise dans tous les pays où elle est implantée. Les textes Macron prévoient que ne soit dorénavant examinée que sa situation en France. Il suffira donc à une firme d'organiser artificiellement la faillite de sa branche française *via* un montage juridique pour bénéficier indûment du régime des licenciements économiques.

Parallèlement, dans les entreprises de moins de 11 salariés et, sous certaines conditions, jusqu'à 20 salariés, les ordonnances Macron autorisent la direction à négocier directement avec ses employés les règles applicables, un vote à la majorité simple suffisant pour entériner l'accord. Or ce mécanisme est extraordinairement dangereux pour les droits sociaux des salariés.

Le chef d'entreprise dispose en effet de deux leviers fondamentaux pour tirer son épingle du jeu de la concurrence : l'un est la compétitivité-qualité, l'autre la compétitivité-coût. À qualité similaire du produit ou du service, cas le plus courant entre entreprises concurrentes basées en France ou plus largement sur le marché européen, reste la compétitivité-coût. Dégrader les conditions d'emploi des salariés, notamment sous l'angle de la rémunération, du volume de travail exigé, ou encore des cadences, devient alors extrêmement tentant pour l'employeur dès lors que la loi l'y autorise : cela non par sadisme ou immoralité, mais par objectif de compétitivité. Or, la réforme lui permet d'agir de la sorte, *via* un référendum d'entreprise. Dans un contexte de chômage de masse et de prévisible chantage aux licenciements en cas de refus, il va de soi que le rapport de forces entre employeur et employés conduit les salariés à ne pouvoir voter que « oui ».

Si l'on ajoute à cela que toutes les petites entreprises sont potentiellement appelées à tenir ce raisonnement, on en conclut que les ordonnances Macron fabriquent un engrenage de nivellement social par le bas, accompli par les entreprises elles-mêmes, en donnant à chacune les outils pour raboter chez elle les droits des salariés au nom de la course à la compétitivité-coût. En d'autres termes, cette réforme installe le dumping social à domicile. Et plus de 6 millions de salariés sont directement exposés au danger.

D'autres éléments importants sont ignorés du débat public alors qu'ils permettent de prendre légitimement la défense de notre code du travail.

L'on peut s'étonner que l'existence d'une proposition de nouveau code du travail formée par un collectif de juristes, à la fois plus court et plus simple mais sans enlever un seul droit aux salariés, ne soit quasiment jamais évoquée dans les débats sur la réforme du droit du travail[1].

L'on peut aussi citer l'Insee qui, dans une récente note de conjoncture, conclut que le code du travail ne représente en rien le principal frein à l'embauche du point de vue des chefs d'entreprise eux-mêmes : ce motif n'arrive en effet que troisième alors que c'est

1. Emmanuel Dockès (dir.), *Proposition de code du travail*, Dalloz, 2017.

le carnet de commandes insuffisamment plein qui, sans surprise, se classe en tête[1].

L'on peut souligner aussi que, selon un rapport de l'Igas[2], l'évolution protectrice du code du travail la plus décriée de ces vingt dernières années, à savoir la réforme des 35 heures, a créé 350000 emplois en France, ce qui en fait la politique de création d'emplois la plus efficace de toute l'histoire socio-économique récente. Et ce à l'inverse de la propagande anti-35 heures colportée depuis des années. Par parenthèse, fait absolument rarissime, le directeur de l'Igas a préféré enterrer ce rapport, qui a fuité ensuite par Mediapart[3].

L'on peut en outre remarquer que, bien qu'il fût à l'époque davantage protecteur qu'aujourd'hui, le code du travail n'a pas empêché la création massive d'emplois à la fin des années 1990 : ceci sous l'effet conjugué de la vague de croissance des NTIC[4], de la réforme des 35 heures et des emplois aidés du gouvernement Jospin.

Il est donc faux, mensonger, malintentionné, malhonnête, d'affirmer que ce corpus de règles serait un obstacle rédhibitoire à l'embauche. L'on peut également et enfin noter que, contrairement à un préjugé solidement ancré dans les esprits, le CDI français est

1. « Le code du travail n'est pas la première barrière à l'embauche », *Les Échos*, 21 juin 2017.

2. Igas : Inspection générale des affaires sociales.

3. « L'Igas censure un rapport sur les 35 heures », Mediapart, 1er juillet 2016; « Les inspecteurs de l'Igas réhabilitent les 35 heures », Mediapart, 18 juillet 2016.

4. NTIC : nouvelles technologies de l'information et de la communication. Cette vague de croissance s'achèverait ensuite dans l'éclatement boursier de la « bulle Internet ».

très loin d'empêcher purement et simplement l'employeur de licencier si nécessaire. En réalité il est même moins protecteur que son équivalent allemand[1] !

Il y a donc urgence à sauver les protections sociales des salariés, et non à les abattre, car la maison brûle. Un salarié sur quatre se rend au travail « avec la boule au ventre ». Plus d'un sur trois est déjà tombé en burn-out, c'est-à-dire en état d'épuisement physique et de dépression du fait de son environnement professionnel : 43 % des salariés ressentent régulièrement des douleurs physiques à cause de leur métier[2] ; 24 % déclarent être tout le temps soumis à des cadences élevées ; 30 % estiment qu'ils travaillent à ce rythme entre un quart et trois quarts de leur temps ; 29 % constatent que leur travail nécessite de répondre en permanence à des délais très stricts et très courts ; 46 % déclarent devoir toujours ou souvent se dépêcher ; 36 % signalent avoir subi un comportement hostile au travail au cours des douze derniers mois ; un salarié sur trois dit ne pas éprouver la fierté du travail bien fait ; 87 % des maladies professionnelles reconnues en 2015 par la Sécurité sociale sont des troubles musculo-squelettiques des membres, ainsi que des lombalgies. Plus globalement, le stress au travail serait responsable à lui seul d'environ 15-25 % des dépressions et syndromes anxieux[3]. Faut-il que ce

1. « Non, il n'est pas difficile de licencier en France », *Alternatives économiques*, 2 avril 2015.

2. CFDT, *Parlons travail : rapport de l'enquête sur le travail de la CFDT*, 2017.

3. « Le travail s'intensifie », *Alternatives économiques*, n° 374, décembre 2017, p. 64-65.

tableau s'assombrisse encore pour la vague de remise en cause de nos acquis sociaux cesse ?

Effarant projet de démantèlement des droits des salariés, l'Antisocial ne s'arrêtera pas. Nous devons donc l'arrêter.

3

Anti-syndicats

> « Vous n'oserez peut-être pas détruire ouvertement les syndicats ouvriers ; mais [...] vous trouverez bien assez le moyen [...] de supprimer en fait la liberté des syndicats ouvriers et de faire une loi de servitude de ce qui a été une loi d'émancipation. »
>
> Jean Jaurès, « La République et le socialisme : réponse à la déclaration du cabinet Charles Dupuy », séance à la Chambre des députés du 21 novembre 1893.

Que ce soit dans les entreprises, dans les services publics ou dans la rue, le mouvement syndical et le mouvement social sont des leviers d'action extrêmement efficaces, voire indispensables, pour protéger nos droits et nos protections sociales, ou pour en obtenir davantage. L'Antisocial porte au contraire le projet de les faire reculer. Il a donc besoin de délégitimer et d'affaiblir les syndicats, les manifestations, les grèves, pour parvenir à déployer sa politique sans rencontrer de résistances trop puissantes. *A fortiori*, puisque le cas extrême des grèves générales couplées à des manifestations de masse rendrait possible la chute pure et simple du système en place par des voies pacifiques, il est vital pour l'Antisocial de diaboliser les mouvements sociaux sous toutes leurs formes, en même temps qu'il les rend de plus en plus difficiles à lancer.

Les syndicats sont taxés d'archaïsme dans les positions qu'ils défendent. Or, cette accusation ne tient pas puisque nombre de propositions de réformes antisociales reculent encore plus loin dans le passé. Il est, par exemple, inepte de qualifier d'archaïsme la proposition par la CGT de revenir à la retraite à 60 ans, qui date de 1982, tout en préconisant la retraite à 65 ans qui date, elle, de 1910[1].

Les syndicats sont régulièrement accusés de s'enfermer dans des postures de refus au lieu d'accepter de négocier. C'est faux. Au niveau national, exception faite de la CGT qui signe moins d'un tiers des accords, tous les autres grands syndicats, qu'il s'agisse de la CFDT, de la CFTC, de FO ou de la CGC, signent plus de 7 accords sur 10. Par ailleurs, à l'échelle des négociations en entreprise, tous les grands syndicats, CGT incluse, valident des accords puisque le taux oscille entre 80 et 90 %[2].

Les syndicats sont plus souvent encore accusés d'empêcher les réformes. Un simple coup d'œil aux

1. « La retraite à 60 ans, c'est possible », CGT, 13 avril 2010 ; « Retraite : la réforme explosive que mijotent les candidats de la droite pour 2017 », *Capital*, 26 octobre 2016.

2. Dominique Andolfatto (dir.), *Syndicats et Dialogue social : les modèles occidentaux à l'épreuve*, P.I.E Peter Lang, 2016, p. 153.

deux dernières décennies prouve que, là encore, c'est faux.

Citons quelques exemples. En 2003, la loi Fillon a réformé le régime des retraites, en 2005 une autre loi Fillon a réformé l'Éducation nationale, en 2007 la loi Pécresse a réformé le système universitaire, en 2008 une loi a réformé la réglementation du temps de travail et les règles de représentativité syndicale, en 2010 la loi Woerth a réformé à son tour les retraites; et ainsi de suite. Elles ont abouti donc n'ont pas été empêchées.

Les syndicats sont accusés de lancer des grèves pour défendre leurs supposés privilèges ou ceux des fonctionnaires. C'est, une nouvelle fois, faux. Ainsi, élément quasiment jamais relevé dans le débat public, il advient régulièrement que syndicats et fonctionnaires lancent des manifestations et des grèves contre une réforme alors même que celle-ci ne les prend pas pour cibles. Ce fut récemment le cas contre la loi El Khomri en 2016 : le noyau dur des manifestants était composé de fonctionnaires, alors qu'il n'était pas question de s'attaquer à leur statut. C'est donc un cas parfaitement clair de mobilisation par solidarité avec les salariés du secteur privé, et non de mobilisation *pro domo*.

Par ailleurs, contrairement à une légende tenace, depuis des années les jours de grève ne sont pas payés, y compris pour les fonctionnaires. Il s'agit donc bien, pour eux, d'un sacrifice financier par perte de salaire, d'autant plus honorable lorsque la mobilisation est faite pour défendre les droits des salariés du secteur privé et non leurs propres droits.

Les syndicats sont accusés aussi d'être illégitimes au motif de leur très faible représentativité de la population salariée. L'argument invoqué est alors le taux très bas de syndicalisation en France, qui atteint 11 %.

Il est, de fait, beaucoup plus faible que la moyenne de l'Union européenne, à 23 %, et seuls deux pays, l'Estonie et la Lituanie, affichent un taux inférieur au nôtre. Cependant, si l'on s'intéresse aux taux de syndicalisation spectaculairement forts d'autres pays européens, en particulier nordiques avec par exemple 72 % en Finlande, il faut au moins en connaître la raison, laquelle tient au fait que, dans ces pays, un salarié ne peut bénéficier des droits et protections octroyés par des accords que s'il est lui-même adhérent d'un des syndicats signataires. L'intérêt matériel direct suffit donc à expliquer ces résultats massivement plus élevés. Or, ce mode de fonctionnement entraîne un puissant effet pervers antisocial : rivaux pour avoir le plus de membres, les syndicats de ces pays ont en permanence sur la tempe le pistolet du risque d'hémorragie massive d'adhérents s'ils finissent seul syndicat à ne pas signer un accord, ce qui biaise massivement le dialogue social à l'avantage du patronat.

Par contraste, en France les salariés n'ont pas besoin d'être membres d'un syndicat signataire d'un accord pour bénéficier des droits sociaux qu'il procure. Compte tenu des discriminations en entreprise contre les militants syndicaux, phénomène solidement établi par la recherche en la matière[1], cela

1. Dominique Andolfatto (dir.), *Syndicats et Dialogue social...*, *op. cit.*, p. 147.

génère un comportement massif de « passager clandestin » dans la population salariée hexagonale : profiter des conséquences positives des luttes syndicales et des grèves victorieuses, sans être soi-même ni membre ni militant d'un syndicat.

Cela n'empêche pas cette même population d'approuver souvent les luttes syndicales : par exemple, à la mi-juin 2016, en dépit de l'instrumentalisation des violences des casseurs par la communication du gouvernement de Manuel Valls, 60 % des sondés déclaraient soutenir les manifestations contre la loi El Khomri[1]. L'argument de l'illégitimité des syndicats au motif de la faible syndicalisation des salariés français est donc fallacieux[2].

Cependant, la principale méthode de diabolisation du syndicalisme consiste à faire l'amalgame entre manifestants et casseurs, grâce au procédé de l'*exigence de désolidarisation*. Les manifestants n'étant rigoureusement pas violents et les syndicats n'appelant tout simplement jamais à la violence, les pouvoirs publics – de droite comme de prétendue gauche – parviennent tout de même à associer systématiquement syndicalisme et violence dans les esprits du grand public par un moyen très simple : répéter en boucle que les syndicats doivent « se désolidariser des violences », les condamner.

La malhonnêteté de cette démarche repose sur sa nature foncièrement inquisitoriale. Ce n'est pas aux

---

1. Ifop, *Les Français et le mouvement de mobilisation contre le projet de réforme du code du travail*, juin 2016.
2. « Taux de syndicalisation : le vrai du faux », France Culture, 17 mai 2016.

accusateurs, en l'occurrence le gouvernement, de prouver qu'il y aurait violence de la part du mouvement syndical mais au mouvement syndical, malgré l'absence de toute preuve d'une quelconque culpabilité, de prouver son innocence en se « désolidarisant ». Étrange inversement de la logique.

Cette attitude fut particulièrement flagrante en 2016, lors des grandes manifestations contre la loi El Khomri, ou « loi Travail », dans le contexte de l'attaque des vitres de l'hôpital parisien Necker-Enfants malades par des casseurs en marge d'une des manifestations. La préfecture de police[1] appela alors les manifestants à « se désolidariser des casseurs pour faciliter l'intervention des forces de l'ordre ». Elle alla même jusqu'à accuser une partie de la CGT d'avoir « une forme de solidarité » avec les casseurs : cela alors même que le syndicat avait déjà condamné publiquement le vandalisme envers cet hôpital. À l'époque ministre de l'Intérieur, Bernard Cazeneuve déclara que le droit de manifester ne pouvait être garanti « que si chacun assume sa responsabilité, se désolidarise des violences et de tous ceux qui les commettent en les condamnant clairement ». Le Premier ministre Manuel Valls accusa, de son côté, le service d'ordre de la CGT d'avoir « une attitude ambiguë » envers les casseurs et menaça d'interdire les prochaines manifestations[2].

1. C'est-à-dire la préfecture de Paris.

2. « Manifestation contre la loi Travail : 15 interpellations et 26 blessés à Paris », Europe 1, 14 juin 2016; « La CGT condamne "les violences commises" mardi à l'hôpital Necker de Paris », BFMTV, 15 juin 2016; « Loi Travail : "Les syndicats devraient annuler les rassemblements", selon Valls », BFMTV, 19 juin 2016;

Le plan de communication gouvernementale était limpide : *primo*, changer de sujet en mettant délibérément au premier plan les violences des casseurs en marge des manifestations anti-« loi Travail », et non pas le mouvement social lui-même ; *secundo*, enfermer les syndicats dans le rôle d'accusés de sympathie pour la violence, et non plus dans celui de porte-parole des raisons de fond du mouvement social.

Les mises en cause désormais habituelles des services d'ordre des syndicats par les pouvoirs publics, lorsqu'agissent des casseurs, relèvent du faux procès et du renversement des responsabilités.

Que ce soit sous l'angle de leurs moyens, de leur formation ou de leur aptitude au maintien de l'ordre, lesdits services ne sont assurément comparables ni à des professionnels de la sécurité ni à des policiers ou à des CRS. Ce sont des salariés d'entreprise, des fonctionnaires, des bénévoles, auxquels est confiée la tâche d'encadrer les cortèges et plus largement les flux de foules, afin que les manifestations se déroulent de façon fluide, sans incidents ni débordements[1]. Par définition, ils ne sont donc ni mandatés, ni entraînés, ni équipés pour affronter eux-mêmes des provocateurs solidement armés, généralement cagoulés, et qui surgissent en commandos dans le but de transformer une manifestation en bataille rangée avec les CRS. Il n'est d'ailleurs pas rare qu'ils soient eux-mêmes agressés, comme ce fut le cas le 17 mai 2016

« Manifestation contre la loi Travail : des militants CGT "ont pris à partie" la police, selon Cazeneuve », BFMTV, 19 juin 2016.

1. « Comment sont structurés les services d'ordre syndicaux », BFMTV, 19 mai 2016.

lorsque, à Paris, place Denfert-Rochereau, des casseurs attaquèrent les services d'ordre de la CGT et de FO à coups de jets de pierres[1].

A contrario, les forces de l'ordre, en particulier les CRS, possèdent, elles, à la fois l'armement et l'entraînement pour contenir et neutraliser de tels casseurs. Qui plus est, c'est leur travail en tant que gardiens de la paix, et non celui des services d'ordre syndicaux, bénévoles encadrants. Sauf à devoir en déduire que les pouvoirs publics appellent les syndicats à créer des milices, leur discours imputant aux services d'ordre syndicaux la responsabilité des agissements des casseurs relève du dévoiement de la logique, du procès d'intention éhonté et du rideau de fumée.

Concernant le rapport police-syndicats-casseurs, un autre sujet doit être abordé : la rumeur persistante de recours, encore de nos jours, à une méthode policière trouble et très ancienne : celles des « agents provocateurs ».

Cette tactique pratiquée autrefois repose sur l'infiltration de policiers en civil au sein même des cortèges de manifestants. *A priori*, ils sont là pour des activités de renseignement intérieur – c'est-à-dire d'espionnage – et pour interpeller rapidement des casseurs avant que leurs violences ne dégénèrent. Leur présence a toujours posé un problème démocratique : celui de l'atteinte à la liberté de manifester *via* un quadrillage policier installé au sein même des cortèges[2]. Or il est

1. « Loi Travail : les services d'ordre des syndicats pris à partie », *Marianne*, 17 mai 2016.

2. « Policiers infiltrés dans les manifs : stratégie ou "ficelle de l'extrême gauche" ? », *L'Express*, 14 avril 2016.

arrivé aussi que des policiers infiltrés aient participé à des manifestations pour provoquer eux-mêmes des violences, déguisés en casseurs, exactions conduisant les forces de l'ordre à casser la dynamique manifestante en même temps qu'elles chargeaient des casseurs. En 2009, *Le Canard enchaîné* rapportait un incident en ce sens :

« Fin de manif du 1er Mai. Il est un peu plus de 20 heures, place de l'Opéra à Paris. À gauche de l'Opéra, un groupe de jeunes punks zone sur les marches. Des gendarmes mobiles ont pour consigne de les dégager, afin d'éviter les embrasements de fin de cortège. Soudain, une demi-douzaine d'encapuchonnés, baskets aux pieds, crânes rasés et bardés d'autocollants "Casse-toi pauv' con" ou "Rêve générale", volent au secours de leurs camarades zonards. Certains ont le visage masqué. Ils invectivent les gendarmes, les provoquent, prennent le reste de la foule à témoin... La tension monte, des projectiles volent. Forcément, ni une ni deux, les bleus embarquent tout ce beau monde, comme pris dans une souricière. Tout, sauf la demi-douzaine de provocateurs qui réussissent à s'évaporer. Et pour cause, ils sont de la maison poulaga [*sic*][1]. » De telles pratiques existent-elles encore ? Il faut espérer que non, mais qui sait ?

Le traitement de la grève d'Air France en 2015 est, quant à lui, un cas d'école du biais médiatique utilisé face aux mouvements sociaux.

À l'origine du conflit, il y a la saturation du personnel face à la dégradation de plus en plus lourde de ses

1. « Ces policiers qui "chauffent" les manifs », *Le Canard enchaîné*, 6 mai 2009.

conditions de travail. De fait, contrairement à une légende tenace, être salarié d'Air France est loin de représenter une sinécure. Les plans sociaux se sont accumulés. Des salariés touchent 1 800 euros par mois malgré de nombreuses années d'ancienneté. Les pilotes sont sommés d'augmenter de 17 % leur productivité – c'est-à-dire leurs cadences de vols – sans évolution de salaire tout en étant régulièrement attaqués dans le débat public sur le montant de leur rémunération alors qu'il est normal à leur niveau d'études et de responsabilités. Cinq mille cinq cents postes ont été supprimés rien qu'entre 2012 et fin 2014, ce qui a accru les cadences exigées envers ceux qui restent. Par ailleurs, une partie du travail lors des jours fériés n'est pas compensée ; il n'y a plus aucune augmentation générale des salaires depuis quatre ans ; la grille d'ancienneté des rémunérations a été baissée.

Aussi, quand advient un énième plan social, prévoyant cette fois de supprimer au moins 2 900 postes, la Cocotte-Minute explose.

C'est dans ce contexte tendu que se produit l'incident du 5 octobre 2015. Lors d'une séance du comité central d'entreprise d'Air France à Roissy, des salariés forcent une grille d'accès du site : s'ensuit une échauffourée qui conduit les cadres à s'enfuir, et durant laquelle deux d'entre eux voient leur chemise arrachée.

Alors que, jusqu'à ce jour, les médias mainstream ne se sont globalement intéressés ni à la précarisation croissante des salariés d'Air France, ni aux motivations des grévistes sur le fond, ni même à la teneur concrète du nouveau plan de suppression de postes, ils accumulent immédiatement les unes et les reportages chocs sur les chemises arrachées des deux cadres. La tonalité générale des articles et reportages est à l'indignation, voire à l'épouvante. Le titre d'un article du *Figaro*, qui cite le dirigeant d'une grande firme états-unienne, en dit long : « Pour Maurice Taylor, les salariés violents d'Air France sont des "terroristes"[1] ».

À l'époque éditorialiste politique sur RMC, je faisais partie de la petite poignée d'intervenants du débat médiatique qui refusaient de condamner les violences, pour ce motif simple : « Imaginez que vous fassiez partie des licenciés. Imaginez que vous avez un seul salaire dans le foyer, et que vous avez 50 ans. Vous réagissez comment quand ça fait dix ans que vous vous prenez le bouillon des politiques de plans sociaux à la chaîne, et que là on vous annonce : "Les gars, pour certains, il va falloir faire plus d'efforts, pour d'autres, désolé, vous êtes virés" ? Moi je ne sais pas comment j'aurais réagi à leur place. Et c'est facile que je les condamne depuis mon emploi qui n'est pas en danger. Donc je refuse de condamner les violences, en conscience, et je le dis à l'antenne[2] ».

Quelques jours plus tard, un sondage Ifop pour le journal *Sud Ouest* prouvera l'existence d'un immense hiatus entre la condamnation médiatique quasi unanime de l'incident et ce qu'en pense la population :

1. « Pour Maurice Taylor, les salariés violents d'Air France sont des "terroristes" », *Le Figaro*, 8 octobre 2015.
2. « Guénolé, du concret » : « Air France : "Je refuse de condamner les violences des manifestants" », RMC, 7 octobre 2015.

car sans les approuver, 54 % des sondés déclaraient comprendre ces violences[1].

Or, en examinant les causes profondes du conflit social au sein d'Air France, l'on découvre un enjeu autrement plus grave que cet épisode.

Depuis la nationalisation de l'aviation civile au sortir de la Seconde Guerre mondiale et jusqu'au début des années 1990, Air France et Air Inter[2] forment ensemble le service public aérien français. À l'instar d'autres grands services publics, ces compagnies voient se développer une forte syndicalisation de leurs salariés, par conséquent prompts à se mobiliser régulièrement pour défendre leurs droits ou pour obtenir de meilleures conditions de travail : d'où la réputation négative d'Air France, encore de nos jours, en tant que « compagnie des grèves » et mauvaise compagnie aérienne. Or, à compter des années 1990, la France engage, sous l'égide des autorités de l'Union européenne, un processus d'ouverture progressive du marché aérien à la concurrence mondialisée, qu'accompagne une succession de plans d'austérité afin qu'Air France, dans une logique de secteur privé et non plus de service public, soit rentable.

Air France absorbe Air Inter en quelques années, dans l'espoir d'avoir ainsi l'envergure de lutter avec de grands concurrents étrangers. De service public focalisé sur la qualité du transport de l'usager la compagnie devient, en l'espace d'une décennie, une société cotée en Bourse focalisée sur le profit lié au

1. Ifop, *La réaction aux violences chez Air France*, octobre 2015.
2. La compagnie Air Inter est fondée en 1954. Elle sera absorbée par Air France en 1997.

transport du client. Problème habituel dans le cadre de la mondialisation malheureuse, deux profils de concurrence déloyale font cependant irruption et lui rendent impossible d'être en bonne santé financière. D'une part les compagnies low cost telle l'irlandaise Ryanair[1] multiplient les montages de dumping fiscal et social afin d'écraser artificiellement leurs coûts. D'autre part, les compagnies du Golfe telle qu'Emirates profitent à la fois d'un droit social incluant l'esclavage moderne et de subventions massives – 42 milliards de dollars en dix ans[2] – octroyées par leur pays pour déclencher une guerre économique[3].

Pris en tenaille, Air France entreprend alors de multiplier et d'intensifier les mesures antisociales à l'encontre de ses salariés – plans de départs massifs, exigence de cadences plus fortes pour les salariés restants, rabotage ou suppression de droits et de protections –, et même de ses clients : sièges de plus en plus serrés, qualité et quantité des aliments servis de plus en plus chiche, mise en place d'une filiale low cost... Forts de leurs décennies de tradition syndicale, les salariés de la compagnie ne se résignent pas : presque à chaque mesure antisociale répondent des mouvements de grève visant à résister au double engrenage de dénaturation du service public aérien et de dégradation de leurs conditions de travail.

1. « Quatre cas emblématiques de dumping social », *Le Monde*, 20 avril 2017.

2. « Emirates, Qatar Airways, Etihad : les subventions astronomiques des compagnies du Golfe », *Le Figaro*, 26 février 2015.

3. « Air France, an III. Entretien avec Christian Blanc », *Le Débat*, n° 94, 1997/2, p. 69-85.

C'est dans ce contexte qu'il faut regarder le mouvement syndical et gréviste d'Air France ; auquel cas, plutôt que l'opprobre, ne mérite-t-il pas plutôt d'être félicité ?

Un problème similaire de traitement médiatique biaisé prévaut pour la SNCF. Les grèves ferroviaires sont généralement très bien couvertes par les médias. Cependant, là encore, les motifs de fond du mouvement social ne sont quasiment pas évoqués. Au lieu de cela, invariablement depuis les grandes grèves de 1995, le récit médiatique consiste à mettre en scène la conflictualité entre, d'un côté, les grévistes, et de l'autre les « usagers » ; c'est-à-dire un conflit – ou prétendu conflit – entre l'intérêt d'une minorité et celui d'une majorité ; c'est-à-dire plaider par l'image l'illégitimité du mouvement gréviste.

De fait, l'angle dominant des reportages consiste à montrer des foules de passagers privés de train, puis à faire un micro-trottoir donnant généralement la part belle à la description de leur « galère » par des usagers : ceci avec, après montage, un usager interrogé – en règle générale un seul – qui exprimera son soutien au mouvement de grève. Les autres témoins, quant à eux, se plaignent. Ainsi est construite la mythologie de « l'usager pris en otage[1] ».

L'infamie de l'expression, qui met sémantiquement sur le même plan des cheminots grévistes et, par exemple, la prise en otage d'une classe de maternelle par « Human Bomb » en 1993 à Neuilly, n'est quasiment jamais relevée dans le débat public. À une

1. « Lexique pour temps de grèves et de manifestations », Acrimed, lundi 21 mars 2016.

exception récente, la colère bienvenue du syndicaliste cheminot Bruno Poncet lorsqu'il déclare le 9 juin 2016, à l'antenne de RMC, ceci :

« J'étais au Bataclan. J'ai subi l'enfer dans ce Bataclan avec 1 500 personnes. Je peux parler en mon nom et au nom des gens qui étaient là-bas. Quand vous entendez "preneur d'otages", moi je sais ce que c'est. C'est quelqu'un qui a une kalachnikov, qui tire sur les autres, qui prend les gens en otage en menaçant pour obtenir quelque chose [...]. Ça n'a rien à voir avec une grève où vous êtes bondés dans un wagon[1]. »

Il n'appartient pas aux éditorialistes de décréter qu'une grève serait inutile ou illégitime, car la grève est un droit. Pourtant, le traitement de la grève ferroviaire par les éditorialistes des médias dominants trahit une hostilité radicale et surtout quasi unanime. Le mouvement social cheminot de 2014 en est un bon exemple.

Le 13 juin, l'éditorial en une du *Monde* a pour titre « SNCF : il faut savoir arrêter une grève ». « "Compromis", "intérêts de tous" : voilà des mots que les grévistes n'entendent pas, accuse-t-il. Il y a dans ce mouvement de grève une grande irresponsabilité de la part de syndicats. » Et de sous-entendre que la grève est illégitime car elle « perturbe la vie quotidienne des usagers ». Par parenthèse, le texte n'aborde rigoureusement pas les motifs et les revendications des grévistes[2]. Dans *Le Figaro*, qui consacre ce jour-là

1. « SNCF : "J'ai subi l'enfer au Bataclan, ça n'a rien à voir avec une grève où vous êtes bondés dans un wagon", RMC, 9 juin 2016.
2. « SNCF : il faut savoir arrêter une grève », *Le Monde*, 14 juin 2016.

une double page à « la galère des usagers », Yves Thréard juge de son côté que la perturbation du déroulement des épreuves du baccalauréat à cause de « quelques cheminots syndiqués » prêts à bloquer le pays « pour un oui ou pour un non » démontre que la France « se déglingue »[1]. « Faut-il interdire le droit de grève dans les transports publics ? », interroge quant à lui le site du journal. Dans *Le Point*, Franz-Olivier Giesbert évoque une France « plombée par les boulets des corporatismes » et recommande explicitement de répondre aux grèves par l'autoritarisme : « N'est-il pas temps d'essayer de guérir la France sans lui demander son avis, quitte à la brutaliser un peu[2] ? » Dans *L'Express*, Christophe Barbier décerne un « carton rouge » aux grévistes, qu'il qualifie de « preneurs d'otages ». Sur RTL, Alain Duhamel assène que le mouvement de grève, « impopulaire » et « corporatiste », est le fait d'« apprentis sorciers ». Quant à Marie-Ève Malouines sur France Info, sa chronique politique se borne pour l'essentiel à exposer le point de vue du gouvernement sur le mouvement social comme si elle en était la porte-parole : « Aujourd'hui, le gouvernement parie sur le fait que cette grève n'est pas comprise[3]. » Le reste est à l'avenant[4]. *Quid* du pluralisme des opinions ? C'est avec des attitudes et

1. Yves Thréard, « La France qui se déglingue », *Le Figaro*, 13 juin 2014.
2. Franz-Olivier Giesbert, « France, qu'attends-tu pour t'ormessoniser ? », *Le Point*, 12 juin 2014.
3. Marie-Ève Malouines, « Grève à la SNCF : crise sociale ou crispation syndicale ? », France Info, 13 juin 2014.
4. « Grève à la SNCF : les usagers des médias pris en otage par les éditocrates », Acrimed, 17 juin 2014.

propos unilatéraux de ce genre que l'on façonne peu à peu l'opinion de la population et lui fait accepter, des années plus tard, de voir planter des clous dans le cercueil du syndicalisme sans s'en émouvoir ni comprendre qu'elle en sera la première victime.

Le supposé scandale des régimes spéciaux de retraite des cheminots est l'autre grand thème de diabolisation ambiante de cette profession. Ce fut manifeste lors de la tentative de remise en cause de ces régimes par Nicolas Sarkozy en 2007, qui entraîna une grève défensive.

Le chœur des éditorialistes des médias dominants est alors sans appel. À droite comme à gauche. Dans *Libération*, Laurent Joffrin décrète que « personne ou presque ne conteste la nécessité de revoir ces régimes de retraite », qu'il juge « souvent hérités d'un autre temps ». Dans *Le Nouvel Observateur*, Claude Weill estime quant à lui que remettre en cause les régimes spéciaux de retraite est « une mesure d'équité », que « la majorité des Français le savent » et que « beaucoup de cheminots aussi ». Dans le même *Nouvel Observateur*, Jacques Julliard opte pour le mépris et la caricature : il qualifie toute personne de gauche qui ne soutiendrait pas, comme lui, la remise en cause des régimes spéciaux de « "gauche brasero", composée d'intellos et de bobos bien décidés à résister jusqu'au dernier prolétaire ». Sur RTL, Alain Duhamel assène que remettre en cause ces régimes spéciaux est « inéluctable » et qu'il faut obligatoirement « allonger la durée des cotisations » : c'est un faux argument sur lequel nous reviendrons plus loin. Dans *Challenges*, Vincent Beaufils assume considérer ces régimes surtout comme un totem à abattre :

« Ne pas caler sur les régimes spéciaux est un indice fort : certes, ces régimes sont “spéciaux”, et donc leur remise en cause ne touche qu'une minorité. Mais celle-ci avait reçu le soutien de l'opinion en 1995. Si, douze ans plus tard, cette réforme passait sans coup férir, ce serait le signal que la pédagogie finit toujours par triompher. » Même tonalité de « mère de toutes les batailles » chez Franz-Olivier Giesbert, cette fois sur RTL : « Le gouvernement ne peut pas perdre. Il n'en a pas le droit. [...] Au début de tout mandat, il y a une épreuve du feu que le nouveau président doit gagner. » Dans *Le Point*, Claude Imbert soutient que « c'est, au fond, la vérité sur l'état réel de la nation qui interdit toute dérobade » : « Il faut réformer sans faiblesse. » Et ainsi de suite[1]. Les privilégiés exigent toujours beaucoup des autres, qui ont moins.

Dix ans plus tard, devenu président de la République, Emmanuel Macron reprend le totem à son compte en annonçant qu'il veut mettre fin aux régimes spéciaux de retraite des cheminots. Il se fait alarmiste et invoque l'intérêt bafoué des générations futures : « Soyons clairs. Si nous ne réglons pas ce problème, ce sont vos enfants qui paieront[2]. »

Peu de temps après, le bal des voix concordantes va dans le même sens. Axel de Tarlé, journaliste économique pour Europe 1, affirme que ces régimes coûtent chaque année 3,5 milliards d'euros à l'État, énième illustration du consensus médiatique solide-

1. « Régimes spéciaux : journalistes ou attachés de presse du gouvernement ? », Acrimed, 14 novembre 2007.

2. « Les projets radicaux d'Emmanuel Macron pour “réinventer” la SNCF », *Le Monde*, 6 septembre 2017.

ment ancré sur le coût exorbitant des « privilèges » des cheminots en matière de retraite. Étudions cette question. L'État verse, effectivement, un peu moins de 3,5 milliards d'euros par an au régime de retraite de la SNCF pour combler son déficit. Cependant, s'il le fait, c'est d'abord parce que la pyramide des âges entre retraités et cotisants devient de plus en plus déséquilibrée, et non à cause des régimes spéciaux. De plus, le besoin en aide de l'État pour équilibrer les régimes spéciaux n'est que légèrement supérieur à celui permettant d'équilibrer le financement des retraites de la SNCF dans son ensemble : 68 % du budget total dans un cas, 61 % dans l'autre. Surtout, le besoin nécessaire à l'équilibre des régimes spéciaux est légèrement inférieur au besoin pour équilibrer le financement des retraites des fonctionnaires dans leur ensemble : 68 % du budget total dans un cas, 75 % dans l'autre. Bref, en réalité le déséquilibre financier des régimes spéciaux est similaire à celui des retraites de toute la SNCF et même inférieur à celui des retraites de tous les fonctionnaires : l'accuser d'un coût anormalement lourd ou d'être un « privilège » cheminot exorbitant, c'est lui faire un faux procès[1].

Si l'on examine la situation de la SNCF, le problème central est en vérité l'accumulation d'erreurs lourdes dans sa gestion, c'est-à-dire au sommet et non pas à la base. Qu'on en juge.

---

1. « Le régime spécial de la SNCF est-il excédentaire... ou coûte-t-il 3,5 milliards d'euros par an ? », *Libération*, 8 septembre 2017.

L'organisation quotidienne du trafic est excessivement cloisonnée : chaque région d'exploitation veille au respect des horaires sur son tronçon mais sans structure de mise en cohérence pour tout le trajet du train, ce qui provoque des retards cumulés par effet boule de neige. L'entité en charge des infrastructures, SNCF Réseau, vend à celle en charge de la circulation – SNCF Mobilités – des créneaux de circulation des trains en nombre excessif par rapport à ce qui est matériellement possible : de sorte que, au bout du compte, le réseau subit un trafic supérieur à ce qu'il peut supporter. Cela génère mécaniquement des retards par saturation ainsi que l'endommagement accéléré des infrastructures, qui lui-même provoque des retards, des annulations et des pannes, et ainsi de suite dans un cercle vicieux de dégradation du service aux usagers.

Parallèlement, la politique de développement de la SNCF donne depuis des années la priorité absolue à la construction de nouvelles lignes de TGV. Les prix des billets de ces lignes sont plus élevés que la moyenne de l'offre : par conséquent, pris dans sa globalité, l'accès au service public ferroviaire se révèle peu à peu inabordable pour une part croissante de la population usagère. Et ce choix stratégique crée un problème durable de sous-investissement dans les autres infrastructures, qui donc se détériorent de plus en plus : d'où là encore un cercle vicieux de retards, d'annulations et de pannes, spirale de dégradation de la qualité du service sur les lignes hors-TGV.

Ainsi, contrairement aux termes dominants dans le débat public sur la crise de la SNCF, ni les grèves ni les régimes spéciaux de retraite ne sont la source fondamentale de ses difficultés, graves et qui vont s'aggravant[1],[2],[3].

Mais le feu roulant de la diabolisation – fausses données et accusations anti-syndicats à l'appui – permet de justifier et de faciliter l'accumulation de réformes contre le droit de grève et la vie syndicale.

En 2007, la loi sur le service minimum dans les transports publics met en place une obligation d'autodélation des grévistes. Les employés sont en effet tenus de se dénoncer quotidiennement *via* le remplissage d'un « formulaire de déclaration individuelle ». Outre le problème éthique que pose en soi l'instauration d'un tel mécanisme, même l'argument utilisé pour justifier cette réforme constitue une attaque frontale contre le droit de grève.

Il invoque en effet le besoin de savoir en amont quels postes ne seront pas assurés, afin de réussir à garantir tout de même un niveau minimal de transports publics pour les usagers durant une grève. Cela peut sembler à première vue une simple expression du bon sens; un compromis raisonnable entre le droit de faire grève et le besoin qu'ont les usagers de pouvoir utiliser les transports publics, en particulier pour se rendre sur leur lieu de travail et en revenir.

---

1. André G. Delion et Michel Durupt, « Chronique du secteur public économique », *Revue française d'administration publique*, vol. 160, n° 4, 2016, p. 1321-1330.
2. « SNCF : « À quoi sont dus les retards des trains ? », *20 Minutes*, 15 juillet 2017.
3. SNCF, « À la reconquête de la robustesse des services ferroviaires », 2017.

C'est cependant bel et bien une négation pure et simple de la nature même d'une grève.

Car la grève a pour but d'engager un rapport de forces avec l'employeur ou les pouvoirs publics, en provoquant des pénuries de biens et de services pour les clients ou les usagers, afin d'obtenir ainsi satisfaction sur le maintien, ou sur l'obtention nouvelle, de droits et de protections. Il est donc indispensable au droit de grève qu'il « nuise » aux clients et aux usagers, faute de quoi le rapport de forces n'est pas instauré. Par conséquent, garantir un niveau minimal de service, c'est vider la grève de sa substance, c'est-à-dire détruire *de facto* le droit de grève lui-même[1]. Et c'est une grosse brèche qui risque de grossir et s'étendre un jour à tout le monde.

La volonté antisociale de saper les marges de manœuvre des organismes représentant les salariés ou fonctionnaires passe parfois par des mesures discrètes, techniques, mais redoutables.

En 2008, une réforme du fonctionnement du dialogue social crée un « deux poids, deux mesures » entre la situation des syndicats et celle des organisations patronales. D'un côté, les syndicats sont dorénavant jugés représentatifs en fonction de leurs scores aux élections professionnelles, de l'autre, les organisations patronales ne sont pas soumises à ce mécanisme. Or, si elles l'avaient été, sur la base des élections professionnelles de 2008, les organisations

1. Sophie Béroud et Baptiste Giraud, « Restriction du droit de grève et stratégies syndicales dans les transports publics. L'exemple du mouvement des TCL à l'automne 2009 », *Savoir/Agir*, vol. 12, n° 2, 2010, p. 9-18.

représentant les entreprises de l'économie sociale et solidaire, notamment l'UDES[1], dont les positions économiques et sociales sont diamétralement opposées à celles du Medef, auraient pesé 19 % du paysage des organisations patronales[2] ; ce qui aurait donné au dialogue social entre syndicats et patronat une tout autre teneur. Autre « deux poids, deux mesures » flagrant, une coalition de syndicats signataires n'a besoin que de peser 30 % aux élections professionnelles pour qu'un accord soit validé ; mais si une coalition de syndicats contestataires veut bloquer un tel accord, elle a besoin, elle, d'atteindre 50 %.

Ultérieurement, en 2014-2017, une nouvelle réforme modifie les critères selon lesquels les organisations patronales sont jugées représentatives : ce n'est toujours pas comme les syndicats en fonction de leurs scores électoraux ; le critère retenu, à savoir le nombre d'entreprises adhérentes et leur nombre total de salariés, a pour effet de donner une représentativité écrasante au Medef[3].

Bref, modification après modification, les règles de représentativité du dialogue social sont faites pour défavoriser les syndicats contestataires et pour marginaliser les organisations patronales défendant l'économie sociale et solidaire.

---

1. UDES : Union des employeurs de l'économie sociale et solidaire.
2. « Représentativité patronale et ESS : mesurer sans voter », Groupe Up, 30 août 2016.
3. « Première mesure de l'audience pour la représentativité patronale : annonce des résultats 2017 », ministère du Travail, 26 avril 2017.

Pendant ce temps, les réformes successives du code du travail que nous avons vues au chapitre précédent aboutissent très concrètement à évacuer les syndicats et les représentants du personnel de la production de normes dans les entreprises.

Ainsi, le bilan annuel de la négociation collective pour l'année 2014, rendu public par le ministère du Travail en 2015, indique que 84 000 textes au total ont été déposés auprès de l'administration du travail. Sur ce total, 36 500 accords d'entreprise ont été signés par des délégués syndicaux, des délégués du personnel ou des salariés mandatés. Et 47 500 sont soit des décisions unilatérales de l'employeur, soit le produit de référendums d'entreprise dont nous avons vu que, avec sur la tempe le pistolet du chantage aux licenciements, les salariés sont sous contrainte lorsqu'ils votent. Signe très clair de succès de la stratégie anti-syndicats de l'Antisocial, cela signifie donc que, d'ores et déjà, 57 % des accords d'entreprise sont imposés sous une forme ou une autre par l'employeur en court-circuitant les syndicats et les représentants du personnel[1].

Par ailleurs, stade extrême de l'instrumentalisation des violences des casseurs, les pouvoirs en viennent ces dernières années à tirer motif de leur vandalisme pour attaquer frontalement le droit à manifester. Là encore le traitement du mouvement contre la « loi Travail » est un cas d'école.

Une vaste coalition de syndicats ayant déposé une déclaration en vue d'une manifestation unitaire le

1. Dominique Andolfatto (dir.), *Syndicats et Dialogue social...*, *op. cit.*, p. 152.

23 juin 2016 selon le parcours classique de la place de la Bastille à la place de la Nation, la préfecture de police exigea de leur part un rassemblement « statique » en prenant prétexte de « raisons évidentes de sécurité ». Elle précisait : « Il est plus facile de maîtriser le périmètre de la manifestation quand on est sur une place que lorsqu'il y a une marche. On peut plus aisément en contrôler les entrées et les sorties. »

Dans un vocabulaire orwellien, une lettre du ministre de l'Intérieur de l'époque confirmait cette volonté d'utiliser l'argument de la sécurité pour empêcher l'organisation d'une grande marche manifestante contre la « loi Travail » : « Pour garantir la liberté d'expression tout en la conciliant avec la préservation de l'ordre public et la sécurité des participants, le préfet de police de Paris vous a proposé, à ma demande, la tenue d'une démonstration de voie publique alternative, consistant en un rassemblement statique, place de la Nation, aux jours et horaires déclarés[1]. »

À l'issue d'un bras de fer avec l'intersyndicale, le ministère imposa finalement que le trajet de la manifestation fût réduit comme peau de chagrin.

Le 23 juin 2016 marqua donc un recul historique et humiliant du droit à manifester. Ce jour-là, des manifestants syndicaux durent en effet marcher en boucle de Bastille à Bastille *via* le bassin de l'Arsenal, avec tout autour d'eux un dispositif de CRS colossalement disproportionné[2], ce qui donna à l'ensemble l'allure

1. « Loi Travail : Cazeneuve s'oppose au défilé du 23 juin », *Libération*, 20 juin 2016.

2. « Loi Travail : les syndicats ont proposé un trajet pour la manifestation parisienne de mardi », *Le Monde*, 24 juin 2016.

générale d'une promenade de détenus plutôt que d'un défilé revendicatif.

L'engrenage sécuritaire anti-manifestations s'accompagne d'une dérive de la doctrine d'usage policier de la force face aux manifestants. « Éviter de tuer et le plus possible de blesser », ce pilier fondamental de la démarche républicaine de maintien de l'ordre longtemps en action, ne l'est plus au regard des moyens désormais déployés, qui peuvent aller jusqu'à une logique de guerre.

L'exemple de la répression des manifestants du barrage de Sivens est, à cet égard, édifiant. Dans la nuit du 25 au 26 octobre 2014, en l'espace d'un peu plus de trois heures, ont été tirées 237 grenades lacrymogènes, 38 grenades GLI F4, 23 grenades offensives F1 – dont l'une provoquera la mort de Rémi Fraisse – ainsi que 41 balles de défense avec lanceur de 40 × 46 millimètres, dont il est pourtant établi que leur violence peut provoquer la perte d'un œil[1].

L'argument habituel des pouvoirs publics, à savoir l'armement et la violence de plus en plus importants des manifestants, ne résiste pas à l'examen. Sur le long terme, le niveau des violences d'origine manifestante a en fait considérablement baissé : il n'est que de considérer, par exemple, sa chute massive par rapport à Mai 68. En outre, les équipements, les tenues et les techniques des forces de l'ordre se sont beaucoup améliorés ces dernières décennies, ce qui devrait permettre aux policiers de ne jamais en arriver à la violence disproportionnée. De surcroît, l'on

1. « Essonne : l'homme touché par un tir de la police à Vigneux a perdu son œil », *Le Parisien*, 19 septembre 2017.

constate un « deux poids, deux mesures », en d'autres termes un vrai parti pris politique dans l'intensité de la répression policière selon le profil des manifestants. Ainsi, elle fut extrême jusqu'à mort d'homme face aux manifestants de Sivens alors que des manifestants agriculteurs suréquipés pour la violence peuvent, eux, allumer des feux et vandaliser des préfectures sans être inquiétés[1].

Projet de destruction du mouvement syndical, l'Antisocial ne s'arrêtera pas. Nous devons donc l'arrêter.

1. ACAT, *L'ordre et la force : enquête sur l'usage de la force par les représentants de la loi en France*, 2016, p. 17-18.

4

Anti-santé

> « Oui sois pauvre et tais-toi,
> Toi la p'tite infirmière :
> On t'les paiera jamais,
> Tes heures supplémentaires ! »

Les Sales Majestés, « Sois pauvre et tais-toi », 2010.

En l'an 2000, l'Organisation mondiale de la santé proclame que le système de santé de la France est le meilleur du monde[1]. Tel est sans doute le plus bel héritage que nous ait laissé le Conseil national de la Résistance. Sorte de parlement informel de la lutte contre l'occupation allemande sous l'autorité du général de Gaulle, il est composé de représentants des forces politiques, des syndicats et de la presse de la Résistance : son premier président fut Jean Moulin. Peu avant la Libération, cette « Assemblée nationale des résistants » adopte un programme prévoyant entre autres réformes de lancer, sitôt chassées les armées allemandes, « un plan complet de sécurité

---

1. Organisation mondiale de la santé, *Rapport sur la santé dans le monde*, 2000, p. 222.

sociale». «Vivre sans l'angoisse du lendemain, de la maladie ou de l'accident de travail, en cotisant selon ses moyens et en recevant selon ses besoins» : tel sera le mot d'ordre de la naissance de la Sécurité sociale, portée immédiatement après guerre principalement par Ambroise Croizat, ministre du Travail de 1945 à 1947. Ce dernier poursuit là un combat familial, puisque, lui-même communiste, ancien ouvrier métallurgiste et dirigeant syndicaliste à la CGT, il est le fils de l'organisateur de la première grève massive pour le droit à la protection sociale à la fin du XIXe siècle[1],[2].

Un peu plus d'un demi-siècle plus tard, les lauriers décernés par l'OMS en 2000 confirment spectaculairement qu'un système *de chacun selon ses moyens à chacun selon ses besoins*, et dans lequel le service public joue un rôle massivement prépondérant, peut être non seulement très performant mais le plus performant au monde. Ce verdict, *a fortiori* dans un domaine aussi évidemment vital que la santé, est comme une gifle en plein visage aux tenants de l'Antisocial. La réussite éclatante du système de santé français repose en effet sur l'exact contraire de son propre projet politique : un système de charité minimaliste envers les plus démunis et de chacun-pour-soi pour les autres, dans lequel l'État se retire de plus en plus tandis que les privatisations s'accumulent. Bref, c'est un contre-modèle réussi quotidiennement visible. C'est une preuve évidente de la viabilité d'une alternative fondée sur l'économie solidaire.

1. «Ambroise Croizat, père de la Sécu, à l'honneur dans un film», *Libération*, 7 novembre 2016.
2. *La Sociale* (2016), réalisé par Gilles Perret.

De plus, notre système de santé brasse tous les jours une masse d'argent colossale, *via* la collecte des prélèvements qui financent l'assurance maladie et *via* les prestations des établissements de santé, qui sont facturées. Or, puisque ces flux fonctionnent très largement en dehors du secteur privé, cet argent est aujourd'hui en dehors du contrôle des grandes firmes privées en général ; en dehors du contrôle des grandes firmes pharmaceutiques et des grandes compagnies d'assurances en particulier. C'est donc pour elles un marché gigantesque qu'actuellement elles ne captent que très partiellement : principalement par les remboursements de médicaments pour les firmes pharmaceutiques ; principalement sur le marché privé des assurances complémentaires de santé pour les firmes d'assurance. À cela s'ajoutent les établissements de santé à but lucratif, c'est-à-dire les cliniques, qu'intéresse le marché des soins rentables.

L'Antisocial est, par conséquent, conduit à démanteler le système de santé français à la fois pour une motivation idéologique et pour une raison de profit financier. Puisque c'est une façon réussie d'organiser une part immense de la vie socio-économique du pays sur des bases contraires aux siennes, cette *hérésie*, il veut l'abattre. Puisqu'y circulent en outre des masses de capitaux considérables, ce service public doit être transformé en marché pour le livrer aux grandes firmes intéressées : ceci, avec pour mantra le credo du secteur privé nécessairement plus efficace que le service public, pourtant contredit par l'excellence sanitaire française atteinte sans lui.

L'objectif de l'Antisocial, à cet égard, est bel et bien la privatisation rampante du système de santé.

Il contraint le service public, c'est-à-dire nos hôpitaux, à copier les méthodes du secteur privé quant aux soins et à la façon de traiter les patients. Ce qui est une dénaturation puisque le secteur privé, donc ses méthodes, a pour finalité de réaliser un profit financier sur le marché de la santé, tandis que le service public vise, lui, à soigner le plus grand nombre à l'aide de l'argent public affecté à cette mission d'intérêt général. Parallèlement, l'Antisocial s'efforce de privatiser de plus en plus l'assurance maladie en augmentant, au fil des réformes, le poids de l'assurance privée dans le total du financement des dépenses de santé. En outre, il entreprend de rendre artificiellement plus rentable l'activité du secteur privé, en dégradant la qualité du service public hospitalier *via* l'austérité budgétaire massive. Et la boucle est bouclée.

Pour que pareil démantèlement de notre système de santé, pourtant encore reconnu voici une quinzaine d'années comme le meilleur du monde, puisse être tenté sans provoquer de vastes mouvements sociaux, une propagande permanente se déploie contre lui, contre ses usagers et contre l'assurance maladie. Elle mélange diabolisation et catastrophisme infondé.

L'image la plus marquante, profondément imprimée depuis des années dans les esprits, est sans nul doute celle du « trou de la Sécu ». Cette métaphore est, d'un strict point de vue propagandiste, une superbe trouvaille car sitôt qu'elle est évoquée l'on songe à un gouffre, à un trou noir si l'on est féru d'astronomie, à une énorme plaie béante financière, en tout cas à une dette tellement énorme qu'elle menace le système tout entier d'effondrement. Pourtant, derrière la métaphore réside surtout une erreur de raisonnement : parler de « trou » suppose que l'état normal du système serait l'équilibre entre les recettes et les dépenses. Or, il n'existe aucune raison pour que cet équilibre surgisse de lui-même, les unes et les autres dépendant de facteurs totalement différents.

D'un côté, les recettes proviennent essentiellement des cotisations sociales, de la CSG[1] et de la TVA[2]. Leur évolution dépend donc de celle de l'économie du pays. Par exemple, si demain les grandes firmes installées en France engageaient un grand mouvement d'augmentation des salaires, les cotisations sociales s'en trouveraient en moyenne plus élevées et, par voie de conséquence, les recettes de l'assurance maladie augmenteraient. De l'autre côté, les dépenses évoluent essentiellement en fonction du progrès médical, d'épidémies ponctuelles comme la grippe, de la démographie en général, et du vieillissement de la population en particulier. Par exemple, l'allongement de l'espérance de vie augmente aussi l'espérance de vie en mauvaise santé avant qu'intervienne la mort, ce qui entraîne mécaniquement des dépenses de santé plus élevées.

Bref, puisque recettes et dépenses suivent des dynamiques totalement séparées, reprocher un « trou de la Sécu » est aussi absurde que si l'on parlait de « gouffre des pompiers » parce que l'augmentation des incendies conduirait leurs dépenses à dépasser leur budget[3].

---

1. CSG : contribution sociale généralisée.
2. TVA : taxe sur la valeur ajoutée.
3. André Grimaldi et alii, *Manifeste pour une santé égalitaire et solidaire*, Odile Jacob, 2011, édition numérique (Kindle), emplacements 312-316.

La réputation décernée au système de santé français d'être anormalement coûteux complète cette mythologie du « trou de la Sécu ». Elle est pourtant fausse. Dans la quasi-totalité des pays riches, les dépenses de santé augmentent plus vite que les recettes : la France n'est donc pas anormale sur ce point. Et contrairement aux idées reçues, notre pays est même plus raisonnable que la moyenne en la matière.

Ainsi, durant la décennie 2000 et plus précisément de 1998 à 2008, les dépenses de santé françaises ont augmenté à un rythme de 2,3 % par an alors que la moyenne des pays de l'Union européenne est à 4,6 % annuels, soit largement plus. Par la suite, depuis 2009 la part de sa richesse consacrée par la France à ses dépenses de santé est demeurée stable, autour de 11 % du PIB, et non en train d'exploser à la hausse[1],[2] !

L'accusation faite aux usagers de consommer trop de soins et trop de médicaments ne résiste pas davantage à l'examen. La part de sa richesse que la France consacre aux dépenses de santé, environ 11 % du PIB, la place en effet dans un gros peloton de pays riches qui se situent tous dans une bande étroite à 9-11 % du PIB. Ainsi, ce n'est rigoureusement pas anormal entre pays riches. De surcroît, si l'on compare les pays en dépenses de santé par habitant, parmi les pays riches la France est loin d'être la plus dépensière : elle n'arrive qu'à la quatorzième place[3].

1. *Ibid.*, emplacements 327-331.
2. OCDE (2017), Dépenses de santé, 2009-2016.
3. OCDE (2017), Dépenses de santé, 2016.

Un gros peloton de pays riches au même niveau de dépenses de santé (en pourcentage du PIB) :

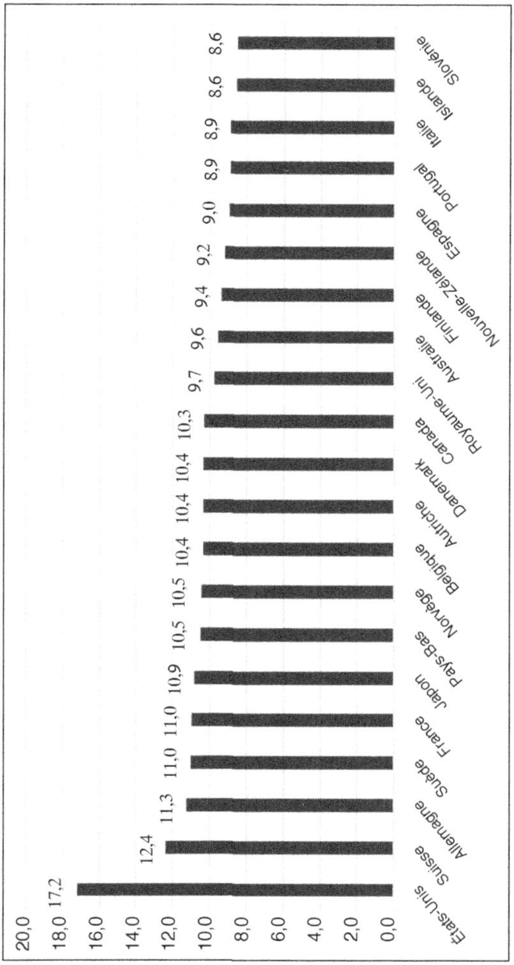

Source : OCDE (2017), Dépenses de santé, 2016.

Le thème des fraudeurs qui coulent financièrement le système de santé relève lui aussi du mythe récurrent. De fait, la quasi-totalité des fraudes à la Sécurité sociale se font au détriment de l'assurance maladie. Culpabiliser en boucle les usagers à cet égard vire au mensonge par omission car c'est oublier ceci : 80 % du montant de la fraude à l'assurance maladie ne provient pas des usagers.

Très loin en tête, plus des deux tiers de la fraude proviennent en réalité des professionnels et des établissements de santé eux-mêmes. Ce sont par exemple des médecins qui facturent des visites à domicile fictives, puis remplissent et signent des feuilles de soins à la place de l'assuré. Ce sont, autre exemple, des établissements qui déclarent un acte médical plus rémunérateur que l'acte réellement effectué.

Par ailleurs, la fraude à l'assurance maladie représente environ 200 millions d'euros par an alors que les dépenses annuelles totales d'assurance maladie, elles, tournent autour des 190 milliards d'euros. La fraude ne pèse donc que 0,1 % du budget de l'assurance : ce qui frappe de nullité les multiples discours et éditoriaux qui la présentent comme l'alpha et l'oméga des problèmes de notre système[1],[2].

L'accusation faite aux usagers d'abuser du service des urgences pour des cas qui n'en relèvent pas – ce qui coulerait notre système de santé – est quant à elle

1. « Assurance maladie : 4,2 milliards d'économies en 2018 », *Les Échos*, 25 septembre 2017; « Santé : un nouveau record de fraudes détectées », *Les Échos*, 26 octobre 2015.

2. « Les remboursements de soins du régime général à fin septembre 2017 », Caisse nationale d'assurance maladie, 19 octobre 2017.

d'une malhonnêteté intellectuelle plus subtile : car la première partie de l'énoncé est vraie, mais la seconde fausse.

Part de vérité, les urgences sont effectivement devenues en partie un dispensaire qui ne dit pas son nom, pour tous ceux que le système de santé laisse de côté dans son fonctionnement normal. Les causes en sont multiples : SOS Médecins trop coûteux pour les classes moyennes inférieures et populaires ; médecins généralistes déjà débordés avec 58 heures de travail par semaine en moyenne ; le fait que dans les grandes villes ils soient presque systématiquement indisponibles passé 18 heures ; leur absence pure et simple de bon nombre de territoires ruraux et de quartiers urbains pauvres, et ainsi de suite. Signe de l'austérité budgétaire extrême qui frappe nos hôpitaux, l'on notera que, dans ces activités de dispensaire inavoué, le temps de travail des urgentistes est de plus en plus absorbé par le simple fait de trouver un lit pour leurs patients successifs[1].

Pour autant, et là réside la part de mensonge, il est strictement impossible que la sollicitation « abusive » du service des urgences pose un problème financier significatif. L'accueil et le traitement des urgences, qui font l'objet d'un forfait budgétaire dédié, coûtent chaque année à l'assurance maladie environ 300 millions d'euros alors que le budget total de cette dernière, nous l'évoquions, tourne autour des 190 milliards d'euros par an. Les urgences ne pèsent donc que 0,16 % de la dépense totale d'assurance

---

1. André Grimaldi et alii, *Manifeste pour une santé égalitaire et solidaire*, *op. cit.*, emplacements 605-619.

maladie. Par conséquent, se focaliser sur ce service pour y voir la source d'une hausse anormale des dépenses de santé – hausse anormale qui, par ailleurs, n'existe pas – n'a tout simplement aucun sens[1].

Pendant ce temps, notre système connaît des problèmes graves et bien réels qui, eux, sont beaucoup moins évoqués dans le débat public.

C'est particulièrement vrai de l'état d'épuisement physique et nerveux du personnel soignant des hôpitaux.

En 2010 déjà, le Médiateur de la République décrit dans son rapport annuel un cercle vicieux « entre stress et charge de travail » qui « nourrit l'épuisement des professionnels »[2]. De fait, les cadences qu'on leur inflige les poussent à courir, courir, courir encore, faisant songer aux pauvres hères du roman *On achève bien les chevaux* d'Horace McCoy qui dansaient jusqu'à l'écroulement[3]. Tout est toujours urgent. Un bloc opératoire doit être nettoyé en sept minutes. Le temps entre la prise en charge de deux patients ne doit pas dépasser dix-sept minutes. Une amputation doit être affaire réglée en trente minutes au maximum. Les plannings instables à l'extrême, la désorganisation chronique de services entiers, la surcharge de travail tous azimuts, et par conséquent des tensions croissantes au sein du personnel aussi bien qu'entre le personnel et les patients, sont une réalité qui va s'aggravant[4].

1. *Les Comptes de la Sécurité sociale*, septembre 2015, p. 121.
2. *Rapport 2010 du Médiateur de la République*, p. 41.
3. Horace McCoy, *They Shoot Horses, Don't They ?*, Simon & Schuster, 1935.
4. *Burning out : dans le ventre de l'hôpital* (2017), réalisé par Jérôme Le Maire.

La situation en est arrivée au point où environ un tiers du personnel hospitalier est en risque de burn out : un taux plus élevé de moitié que celui observé chez les salariés du privé[1] !

Problème ubuesque, la tendance lourde du nombre de médecins formés chaque année est à la baisse alors que la population, donc mécaniquement le nombre de malades et les besoins de soins, augmente. En ordre de grandeur, la France formait ainsi 8 500 médecins dans les années 1970 contre 4 500 en 2015. Cela provoque des pénuries qui, dans certains services en particulier, prennent des proportions ahurissantes.

Par exemple, dans le service public de psychiatrie, un quart des postes de praticiens à temps plein et 40 % des postes à temps partiel sont tout simplement vacants, et le diplôme d'infirmier spécialisé en cette discipline a même disparu. À force de carences budgétaires pour ce domaine, de plus en plus de personnes qui présentent des pathologies psychiatriques graves errent dans la rue, fréquemment sous la forme de sans-abri, lorsqu'elles ne finissent pas en prison[2],[3].

La formation d'un nombre insuffisant de médecins et la tendance de ceux qui sont formés à refuser, quand ils sont libéraux, de s'implanter dans des milieux ruraux ou urbains pauvres multiplient les enclaves en état d'extrême pénurie : ce sont les « déserts médicaux ».

---

1. « Hôpital : un professionnel sur trois en risque de burn out ? », *L'Express*, 6 juin 2014.
2. André Grimaldi et alii, *Manifeste pour une santé égalitaire et solidaire*, *op. cit.*, emplacements 40-41 et 312-316.
3. « Hausse de 11 % du nombre de médecins formés », *Le Figaro*, 24 novembre 2016.

Selon les *Atlas régionaux de la démographie médicale* publiés en 2015 par le conseil national de l'ordre des médecins, il en existe ainsi quelque deux cents où vivent près de 2,5 millions de personnes. En particulier le Centre, le Poitou, les Charentes et la Haute-Normandie sont très durement touchés.

D'ici à 2020 l'agglomération toulousaine verra 150000 habitants, c'est-à-dire l'équivalent de la ville de Nîmes tout entière, ne plus avoir de médecin traitant à proximité raisonnable de leur domicile. En Bretagne, vingt-quatre bassins de vie très défavorisés ont perdu un tiers de leurs médecins généralistes en moins d'une décennie et la disparition d'un autre tiers est imminente, puisque les intéressés ont plus de 60 ans. Le reste est à l'avenant[1].

Parallèlement, dans certains territoires la vaste majorité des médecins disponibles est en honoraires libres. Ils profitent donc du manque de médecins par rapport à la population totale pour pousser leurs tarifs à la hausse. C'est le cas d'environ les trois quarts des spécialistes à Paris, où l'ophtalmologiste médecin libéral pratiquant le « tarif Sécu » peut être déclaré espèce en voie de disparition.

À cela s'ajoutent des pratiques plus graves. En particulier, pour s'assurer de faire du chiffre, nombre de médecins libéraux refusent de prendre des patients couverts par la CMU[2] ou par l'AME[3], c'est-à-dire par

---

1. « Près de 2,5 millions de Français vivent dans un désert médical », *Le Monde*, 26 novembre 2015.
2. CMU : couverture maladie universelle.
3. AME : aide médicale d'État.

définition trop pauvres pour payer des dépassements d'honoraires[1].

En outre et surtout, se pose le problème de l'aggravation des inégalités sanitaires.

Sous l'égide de l'Antisocial, les pouvoirs publics augmentent de plus en plus le reste à charge des usagers du système de santé. Le pilier central de cet édifice d'injustice sanitaire est la punition financière de l'usager-patient, jugé coupable du déficit de l'assurance maladie selon la même logique de renversement des responsabilités qui conduit à punir le chômeur de son chômage. Ainsi, une réforme de 2004 autorise les médecins libéraux qui pratiquent le « tarif Sécu » à le dépasser si le patient ne respecte pas le parcours de soins, ce qui revient bien à le punir financièrement.

Plus largement, depuis 2004 les réformes qui s'accumulent pour augmenter le reste à charge des assurés ont pour argument totémique « la responsabilisation » de ceux-ci. Cette expression a beau être devenue courante dans le débat public, elle n'en demeure pas moins mensongère à double titre. *Primo*, parce qu'on ne choisit ni d'être malade ni sa maladie, ce qui exclut toute notion de responsabilité dans les dépenses de santé qui résultent de son état. *Secundo*, et plus simplement, par définition les usagers ne peuvent jamais être responsables des dépenses de santé puisqu'ils ne prescrivent ni les soins ni les médicaments : ce sont les médecins qui ont ce pouvoir, donc la responsabilité qui en découle !

1. André Grimaldi et alii, *Manifeste pour une santé égalitaire et solidaire*, *op. cit.*, emplacements 540-555.

Moyennant cette culpabilisation fallacieuse, l'Antisocial fait néanmoins peser sur les usagers une charge financière de plus en plus importante : le forfait d'1 euro par consultation; la franchise médicale de 50 centimes par boîte de médicaments et de 2 euros par transport sanitaire; le forfait de 18 euros par jour à l'hôpital; tout cela pèse lourd, à la longue, sur le budget des classes populaires et même des classes moyennes inférieures. Par exemple, le forfait dû pour une semaine d'hospitalisation représente à lui seul près d'un quart du revenu mensuel d'une personne seule au RSA.

Ces sommes, ces augmentations sont ponctionnées sur chaque acte, sur chaque soin, sur chaque médicament, et ce sont globalement les mêmes augmentations pour tous quels que soient leurs revenus. Cela aggrave donc les inégalités sanitaires entre milieux favorisés et défavorisés puisque, pour reprendre le cas du forfait hospitalier, devoir débourser 18 euros par jour ne pèse évidemment pas du même poids dans le budget selon que l'on est caissière à temps partiel chez Auchan ou directrice des ressources humaines chez Danone.

Conséquence de l'alourdissement du reste à charge, de plus en plus d'usagers des classes moyennes et des classes supérieures en viennent à se faire couvrir par des assurances privées complémentaires. Or, dans leur système, plus on est âgé, plus les cotisations montent. Plus largement, plus on présente de risques de santé, plus les cotisations montent. Autrement dit, plus on est malade ou en risque de l'être, plus on doit payer cher, ce qui constitue l'exact contraire des valeurs de la Sécurité sociale fondées, elles, sur le principe solidaire : « De chacun selon ses moyens à chacun selon ses besoins » !

Par voie de conséquence, à mesure qu'augmente le poids de l'assurance privée dans les dépenses de santé, ces dernières dérivent de plus en plus, en moyenne, vers une logique d'injustice et d'iniquité.

Puisque les milieux défavorisés ont des débuts de mois difficiles, toute nouvelle dépense contrainte affecte dans leur cas un budget déjà dans le rouge. L'augmentation du reste à charge a alors pour conséquence fréquente de faire renoncer aux soins.

Chez les 20 % les plus riches, c'est-à-dire les classes moyennes supérieures, le taux de renoncement à des soins d'optique pour raisons financières n'est que de 5 % ; chez les 20 % les plus pauvres en revanche, c'est 17 %. Des niveaux tout aussi préoccupants se manifestent dans le renoncement aux soins dentaires : ce sont les fameux « sans-dents », qui firent l'objet d'une récente controverse politique. De fait, un quart de la population renonce à au moins un soin dans l'année, le plus souvent pour des raisons financières[1]. Outre l'enjeu en soi des inégalités sanitaires, le fait que les renoncements aux soins prennent de telles proportions crée un danger de santé publique car à force d'accumuler les problèmes de santé non traités, la population tout entière est davantage menacée par la propagation des maladies et des épidémies.

---

1. Nicolas Célant et Thierry Rochereau, *L'Enquête santé européenne – Enquête santé et protection sociale (EHIS-ESPS) 2014*, 2017, p. 129-130.

La situation n'est appelée qu'à s'aggraver. Déjà la loi HPST de 2009[1] va jusqu'à supprimer la notion de service public hospitalier. L'on est alors passé au concept de « missions de service public », accomplies indifféremment par des hôpitaux ou par des cliniques commerciales.

Cette inflexion sémantique est tout sauf secondaire. Elle entérine officiellement une relation d'équivalence entre service public et secteur privé alors que, *bis repetita*, leurs finalités sont profondément différentes. Le secteur privé – les cliniques – a pour but de réaliser un profit sur le marché de la santé. Le service public hospitalier, lui, a pour objectif de soigner le plus grand nombre grâce à l'argent public affecté à cette mission d'intérêt général. Ces deux visions sont incompatibles.

Établir entre cliniques et hôpitaux une relation d'égalité, c'est nécessairement induire que soit l'approche du secteur privé, soit celle du service public est abolie dans les faits. Puisque rien n'indique que les cliniques soient aujourd'hui moins motivées qu'hier par la recherche de la rentabilité, l'on peut logiquement déduire que c'est plutôt le service public que l'Antisocial s'emploie à convertir, de force, à l'objectif de rentabilité.

Du reste c'est bel et bien ce qu'instaure la réforme de la « tarification à l'activité », dite « T2A ». Adoptée à l'occasion du Plan Hôpital 2007, elle abolit le fonctionnement passé *via* lequel une somme globale

1. Loi HPST : il s'agit de la loi du 21 juillet 2009 portant réforme de l'hôpital et relative aux patients, à la santé et aux territoires.

d'argent public était allouée à chaque hôpital pour que, sur la base de ce budget, il remplisse en responsabilité sa mission de service public. En lieu et place, les pouvoirs publics fixent un tarif consenti par l'assurance maladie pour chaque type d'acte accompli par les établissements de santé ; les établissements déclarent leurs actes au fil de l'eau ; et l'assurance maladie, sur la base de ces activités, les paie. Ce système était déjà appliqué de longue date aux cliniques : la réforme de la « T2A » convertit donc bien l'hôpital public aux pratiques financières du secteur privé.

Or, appliquer les mêmes critères aux cliniques et aux hôpitaux est à la fois inéquitable et aberrant, pour une raison simple : le service public hospitalier accueille tout usager alors que les cliniques privées, elles, se focalisent sur les cas les plus rémunérateurs et refusent de prendre en charge les patients qui ne peuvent s'offrir leurs tarifs ou qui présentent des pathologies trop faiblement rentables. Il s'ensuit que si l'on raisonne en tarification à l'acte, en moyenne l'hôpital est forcément destiné à être moins rentable que la clinique puisque, contrairement à elle, il ne pratique pas sur ses patients la sélection à l'entrée par l'argent.

Toujours est-il que la « T2A » a sur nos hôpitaux un impact massif, profond et délétère. Pour ne pas perdre du financement, ils sont poussés à privilégier les patients rentables sur ceux non rentables ; à pratiquer de préférence les actes médicaux les plus coûteux parmi ceux qui sont utiles au patient ; à se lancer dans des regroupements et des restructurations de services, voire d'hôpitaux entiers, qui conduisent dans les faits à une baisse de l'offre de soins ; à « geler » ou supprimer des postes à chaque occasion ; à accélérer les cadences du personnel soignant jusqu'à l'inhumain parce qu'il faut faire du chiffre.

En d'autres termes, la « T2A » est la source fondamentale de la tendance lourde des hôpitaux à la dégradation de la qualité des soins, à l'épidémie de burn out dans le personnel soignant, et à la disponibilité de moins en moins forte du personnel pour les malades[1].

Incidemment, à force de dégradation de la qualité de l'hôpital public du fait d'une autodestruction que les choix politiques lui infligent, il est vraisemblable que de plus en plus de ménages des classes moyennes et des classes supérieures sont appelés, par vases communicants, à se tourner vers les cliniques.

Plus largement, alors que l'Organisation mondiale de la santé décernait en 2000 à notre système de santé le premier rang mondial, notons qu'il a chuté en 2017 à la quinzième place : tel est le sinistre bilan des réformes de l'Antisocial en la matière[2].

Projet de privatisation rampante de notre système de santé et d'accroissement des inégalités sanitaires, l'Antisocial ne s'arrêtera pas. Nous devons donc l'arrêter.

---

1. André Grimaldi et alii, *Manifeste pour une santé égalitaire et solidaire*, *op. cit.*, emplacements 451-487 et 685.
2. « Le système de santé français au quinzième rang mondial », *Le Figaro*, 19 mai 2017.

5

Anti-retraités

« Ô rage ! ô désespoir ! ô vieillesse ennemie !
N'ai-je donc tant vécu que pour cette infamie ? »

Pierre Corneille, *Le Cid*, 1637.

Au sortir du second conflit mondial, la France n'a pas fait que créer son système de santé moderne fondé sur la solidarité. Toujours en application du programme du Conseil national de la Résistance, qui prévoit de créer « une retraite permettant aux vieux travailleurs de finir dignement leurs jours », le ministre Ambroise Croizat intègre à la Sécurité sociale un nouveau service public : les retraites par répartition. Ce système, toujours en vigueur aujourd'hui, est littéralement fondé sur la solidarité entre les générations, puisque la population active finance *via* des cotisations les pensions des retraités.

Mais, sous l'égide de l'Antisocial, exact contraire idéologique du projet du Conseil national de la Résistance, ce système devient de plus en plus injuste envers les classes populaires. En particulier, nous le verrons, les réformes successives adoptées ces dernières années font *baisser* les retraites des populations les plus pauvres. La situation est devenue si grave qu'au sein de la jeunesse l'idée de n'avoir droit à aucune retraite lorsque viendront les vieux jours est très répandue.

Cette dynamique d'appauvrissement des seniors s'accompagne d'une propagande destinée à légitimer le recul de nos droits à la retraite.

Il est devenu courant d'opposer le niveau de vie des retraités, censément privilégiés et prospères, à celui des actifs, dans l'idée implicite que le poids de la prise en charge des uns par les cotisations des autres serait excessif.

C'est oublier que si la pauvreté est effectivement moins présente chez les seniors que dans le reste de la population, elle n'est pas absente pour autant : la France compte aujourd'hui plus de 800 000 retraités pauvres. Si l'on excepte l'extrême pauvreté, aujourd'hui les seniors pèsent 20 % de la moitié la plus pauvre de la population hexagonale. Et tout en bas de l'échelle, parmi les retraités tombés dans l'extrême pauvreté, 37 % survivent au mieux avec l'allocation de solidarité aux personnes âgées, soit 800 euros par mois[1].

C'est oublier également que les réformes des retraites du dernier quart de siècle écoulé tendent à baisser les pensions, et non pas à les faire monter. Par exemple, la réforme de 1993, dite « réforme

1. Insee, *Les Revenus et le Patrimoine des ménages*, édition 2016, p. 124-125.

Balladur », a conduit à ce que, pour les salariés du secteur privé, les 25 meilleures années de cotisation, et non plus les 10 meilleures, servent de base lors du calcul de la pension : cela a provoqué une baisse de 15 à 20 % du salaire de référence et donc une diminution des pensions[1].

L'accusation d'archaïsme faite à notre système de retraites, avec pour corollaire l'injonction de le moderniser, est quant à elle fallacieuse. Régulièrement évoqué dans notre débat public, l'instrument majeur de cette supposée modernisation consisterait en effet à repousser à 65 ans l'âge légal de départ à la retraite. Or, plutôt qu'une « modernisation », ce serait en réalité revenir à l'âge de départ instauré en France par la loi du 5 avril 1910, c'est-à-dire plus d'un siècle en arrière.

De même, tirer argument du recul de cette borne dans la plupart des pays riches, pour accuser la France d'être déraisonnable en gardant la retraite à 62 ans, est intellectuellement malhonnête. La fable des moutons de Panurge chez Rabelais ou plus récemment la catastrophe financière mondiale provoquée par les *subprimes* sont en effet là pour nous rappeler que voir un comportement se généraliser ne constitue en soi ni une garantie de justesse ni une raison suffisante pour l'adopter.

Mais l'argument-roi utilisé pour attaquer nos droits à la retraite n'est pas celui-là. Il tient en une phrase : « On vit plus longtemps, donc c'est normal de travailler plus longtemps. » Cette affirmation semble *a priori*

1. Virginie Pradel, « Le matraquage fiscal des retraités en six dates-clés », *Les Échos*, 30 octobre 2017.

frappée au coin du bon sens. C'est cependant méconnaître l'énorme écart d'espérance de vie entre seniors selon la pénibilité physique des métiers qu'ils ont exercés et, plus largement, selon leur milieu social de provenance.

Un homme de 35 ans va vivre jusqu'à 82 ans s'il est cadre. S'il est ouvrier, ce sera 76 ans, soit six années de moins. L'écart d'espérance de vie en bonne santé est lui aussi très élevé : le cadre de 35 ans atteindra les 69 ans sans aucune incapacité, que ce soit de la vue, de l'ouïe, de la marche ou des gestes quotidiens ; alors que, pour l'ouvrier, les incapacités vont commencer dès 59 ans, soit dix ans de moins à vivre sans handicap[1].

En d'autres termes, parler de repousser à 65 ans l'âge légal du départ à la retraite, c'est dire que les classes populaires doivent travailler encore quatre ans alors qu'elles développent déjà des handicaps ; et c'est dire que les classes populaires ne doivent avoir droit qu'à onze années de retraite avant de mourir.

Plus simplement, soutenir que vivre plus longtemps doit entraîner l'obligation de travailler plus longtemps, c'est en partie prendre le problème à l'envers.

Outre les progrès de la médecine, le niveau d'hygiène atteint par la population, ainsi que la qualité de notre système de santé – qui demeure parmi les plus performants au monde –, il est évident que dans les milieux populaires, où les métiers usants sont surreprésentés, le fait d'arrêter de travailler plus tôt

1. Inpes, *Réduire les inégalités sociales en santé*, 2010, p. 63-64.

permet de vivre plus vieux. Pour ne prendre qu'un exemple, il va de soi qu'une ouvrière à la chaîne vivra plus longtemps si elle arrête le travail à 55 ans plutôt qu'à 65. Or, la contrepartie de ce constat est la suivante : repousser l'âge de départ à la retraite, c'est faire mourir les classes populaires plus tôt.

De fait, lorsque les pouvoirs publics repoussent l'âge légal de départ à la retraite ou augmentent la durée exigée de cotisations, ils portent la responsabilité, dans l'indifférence générale, de faire mourir plus jeunes les seniors des milieux défavorisés.

En fait, le débat public tout entier sur l'avenir des retraites est aujourd'hui pipé. La question de savoir s'il faut travailler plus longtemps est en effet mensongère en elle-même, car l'âge moyen de cessation d'activité des salariés du secteur privé est aujourd'hui de 57 ans et demi[1]. De surcroît, 46 % d'entre eux sont déjà en préretraite ou au chômage lorsqu'ils atteignent cette borne.

Au demeurant, si cet âge *réel* de départ à la retraite est inférieur à 60 ans, la responsabilité en incombe au patronat français.

De la fin des années 1950 jusqu'à la fin des années 1970, la ligne exprimée par le Conseil national du patronat français consiste à exiger une durée d'activité élevée, afin que n'augmente pas, pour lui, le coût des régimes de retraites *via* les cotisations patronales.

1. Florence Legros et Jean-Louis Guérin, *Les Retraites*, Le Cavalier bleu, 2003, p. 110.

En revanche, à compter de la fin des années 1970 et du début des années 1980, tandis que ce discours de façade est maintenu, la composante industrielle du patronat, incarnée par l'Union des industries et métiers de la métallurgie, entreprend au contraire de massivement interrompre l'activité des salariés quinquagénaires. Le but est de rajeunir la main-d'œuvre et, ce faisant, de comprimer les salaires pratiqués dans l'industrie. Outre les licenciements, elle utilise en particulier des dispositifs de préretraite. Cette façon de faire se généralise en l'espace d'une décennie, très au-delà de l'industrie, dans le bâtiment puis dans le tertiaire, jusqu'à devenir une pratique courante. Par parenthèse, la « contribution Delalande » créée en 1987, principale tentative d'endiguer le phénomène en taxant le licenciement des salariés quinquagénaires, aboutira à l'effet contraire : rendre massive la pratique des licenciements juste avant la borne des 50 ans ; elle ne sera abolie qu'en 2008.

L'on aboutit ainsi, encore de nos jours, à un patronat français en état de tartufferie : d'un côté il plaide avec constance pour une durée d'activité plus longue et des départs à la retraite plus tardifs ; mais de l'autre il pratique massivement la mise au rebut des salariés bien avant leurs 60 ans[1]. Ce phénomène a même atteint en 2001 un pic impressionnant, avec plus d'1 demi million d'actifs

1. Mickaël Ciccotelli, « Le patronat français et la gestion de la main-d'œuvre âgée en France. Entre intégration salariale et mise au rebut libérale (fin des années 1950 à nos jours) », *Retraite et Société*, vol. 73, n° 1, 2016, p. 65-88.

placés dans un mécanisme de « cessation anticipée d'activité »[1].

Il est par conséquent hypocrite de disserter sur la nécessité de travailler jusqu'à 65, 67, 70 ans alors qu'en fait la majorité de la population active part à la retraite avant 60 ans.

Le véritable enjeu est ailleurs mais n'est jamais exprimé comme tel dans le débat public. À savoir : en situation de chômage de masse, accroître la durée de cotisation nécessaire pour une retraite à taux plein revient à rendre ce taux plein inaccessible pour une part de plus en plus vaste de la population. Qu'on en juge.

Le taux d'emploi des 55-64 ans n'est que de 40 % : pour tous les autres, atteindre la durée de cotisation requise est donc exclu, *a fortiori* si celle-ci augmente au fil des réformes[2]. Le taux de chômage des 15-24 ans est d'environ 25 %[3]. Pour rattraper les années de cotisation ainsi perdues, il faudrait donc que la jeunesse aujourd'hui au chômage travaille beaucoup plus longtemps que jusqu'à 62 ans. Or, nous venons de voir que le secteur privé sous-emploie massivement les quinquagénaires. Au moins un quart des 15-24 ans actuels n'ont donc vraisemblablement aucune chance d'atteindre le taux plein.

---

1. Florence Legros et Jean-Louis Guérin, *Les Retraites*, *op. cit.*, p. 111.
2. « Chômage des seniors : la France, le mauvais élève de l'Europe », *Challenges*, 6 mars 2013.
3. Insee, « Chômage selon l'âge en 2016 : taux de chômage », 2016.

Quant aux femmes, les trois quarts de celles qui deviennent mères réduisent alors leur temps de travail, et 58 % vont, à un moment ou à un autre, jusqu'à interrompre leur carrière. Là aussi, pour rattraper les années de cotisation ainsi perdues, les femmes devraient donc travailler significativement plus longtemps que les hommes si elles souhaitaient atteindre la retraite à taux plein : mais se pose de nouveau l'obstacle du taux d'activité très faible des quinquagénaires[1].

Sous le faux nez de la retraite à 62 ans, ce qui se produit donc majoritairement, c'est le départ à la retraite en fin de cinquantaine, avec une retraite bien plus basse que le taux plein, au motif que c'est tout de même préférable aux allocations chômage[2].

Autrement dit, repousser l'âge de départ à la retraite à taux plein loin après l'âge réellement pratiqué ne sert qu'à faire baisser les retraites véritablement touchées : cela sans jamais assumer explicitement cette politique antisociale.

Cette tendance lourde – faire baisser les pensions – frappe davantage la population touchée par le chômage, c'est-à-dire les classes populaires. Cela aggrave donc un autre problème dans notre système de retraites : globalement, il entretient les inégalités sociales entre personnes âgées au lieu de les résorber.

---

1. « Le congé parental dans les trajectoires professionnelles féminines », *L'Essentiel*, n° 119, février 2012 (publication de la Caisse nationale des allocations familiales).

2. Florence Legros et Jean-Louis Guérin, *Les Retraites*, *op. cit.*, p. 35 et 63.

C'est particulièrement visible lorsque l'on examine le taux de rendement interne des retraites. Cet indicateur permet de mesurer quelle proportion de ses cotisations un retraité récupère sous forme de pensions, jusqu'à son décès.

Par exemple, un taux de 2 signifie qu'il touche l'équivalent de deux fois ce qu'il avait cotisé. Or, en France, ce taux est quasiment le même quel que soit le revenu que l'on avait avant de prendre sa retraite : que l'on ait gagné 1 500, 2 000 ou 3 500 euros par mois, l'on récupère en pensions de retraite *grosso modo* deux fois et demi ce qu'on a cotisé. Seuls les retraités qui gagnaient moins de 1 270 euros mensuels ont un taux significativement plus élevé, ce qui traduit que le système fait de la redistribution à leur avantage. Et seuls les retraités les plus favorisés, qui gagnaient 3 800 euros par mois ou davantage, ont un taux significativement plus bas, ce qui cette fois traduit que la redistribution se fait à leur détriment.

Cependant, dans le cas des retraités pauvres, nous avons vu qu'en réalité le problème du chômage de masse fait baisser les pensions. Quant aux retraités riches, l'épargne accumulée tout au long de la vie permet au moins que récupérer leurs cotisations sous forme de pensions leur soit relativement indolore. Une fois la situation examinée dans sa globalité, notre système de retraites tend donc bel et bien à reproduire entre les retraités les inégalités qui existent entre les actifs[1].

1. Florence Legros et Jean-Louis Guérin, *Les Retraites*, *op. cit.*, p. 19-20 et 45-46.

Toujours est-il que réforme des retraites après réforme des retraites, le mensonge de l'Antisocial reste le même. En apparence, il s'agit de repousser l'âge de départ et d'allonger la durée de cotisation requise à l'aide du faux argument « on vit plus longtemps donc il faut travailler plus longtemps ». En réalité, il s'agit de faire baisser les pensions pour des millions de Français, *via* des objectifs inatteignables de durée d'activité fixés comme conditions d'accès à la retraite à taux plein.

En 2003, la réforme conduite par François Fillon ajoute une année de cotisation afin de pouvoir accéder au taux plein : il faudra donc réussir à cumuler 41 années et demie d'activité pour y avoir droit, ce qui en l'état actuel de chômage de masse est impossible concernant les classes populaires.

La réforme introduit par ailleurs explicitement un lien entre les gains d'espérance de vie et l'évolution future de la durée de cotisation, ce qui grave dans le marbre un argument dont nous avons pourtant vu qu'il est démographiquement fallacieux. Un droit à la retraite avant 60 ans est certes créé pour ceux qui ont commencé à travailler très jeune : cependant, pour ceux-là, généralement des travailleurs pauvres ayant commencé leur vie active en fin d'adolescence, la durée de cotisation exigée est rallongée de deux années, soit 43 années et demie.

Alors que l'âge légal de départ à la retraite est de 60 ans, un dispositif spécial, la « décote », est créé en vue de punir quiconque prendrait sa retraite avant 65 ans sans avoir atteint la durée de cotisation requise pour une retraite à taux plein. En pratique, la sanction consiste à baisser la pension en plus du fait qu'elle n'est déjà pas à taux plein.

Sommet de l'approche antisociale, l'impossibilité pour des millions de Français d'atteindre le taux plein est donc transformée en motif pour baisser encore plus leur pension. Accessoirement, s'il existe aussi un bonus de pension, la « surcote », pour ceux qui cotisent plus longtemps que la durée exigée, il est de 3 % alors que la décote, elle, est de 5 % : le bâton est donc plus fort que la carotte.

À côté de nos retraites par répartition fondées sur la solidarité intergénérationnelle, la réforme de 2003 crée également un plan d'épargne retraite privé, partiellement exonéré d'impôts. L'exonération fiscale signifie qu'il est subventionné par l'argent de nos impôts à tous, alors que – par définition – il est réservé à ceux ayant les moyens de réaliser cette épargne : c'est donc de la redistribution des richesses à l'envers.

Cet aspect est fondamental. Il consiste en effet à ressusciter sous forme embryonnaire le système de retraites privé et par capitalisation, fondé sur le chacun-pour-soi et non pas sur la solidarité, qui prévalait en France de 1910 jusqu'à la création de la Sécurité sociale moderne.

Il s'agit donc une fois de plus, sous couvert de modernisation, de rétablir des mécanismes socio-économiques très anciens et rétrogrades.

À cela s'ajoute une dimension que nous avons déjà évoquée pour le cas du système de santé : il existe dans notre pays de grandes firmes financières, dans le secteur bancaire et assurantiel, dont le lobbying extrêmement intense vise à récupérer sous forme de marché des flux financiers aujourd'hui gérés sous forme sociale et solidaire. C'est vrai des retraites comme de l'assurance maladie. Il est donc prévisible qu'à moyen terme des réformes se multiplieront encore pour encourager les plans d'épargne retraite privés en même temps que les conditions d'accès aux retraites de la Sécurité sociale, elles, seront encore dégradées.

L'Institut Montaigne, fondé par l'ancien dirigeant de la compagnie d'assurances AXA Claude Bébéar, est un bon indicateur de ce vers quoi poussent les oligarques et les grandes firmes qui dominent l'économie française.

Dans une note de 2016[1], il expose notamment qu'il faudrait repousser l'âge légal à 63 ans, prolonger la durée de cotisation à quarante-trois ans, et supprimer totalement la prise en compte de la pénibilité dans le calcul des droits à la retraite. La note répète également le poncif selon lequel les règles de départ à la retraite seraient trop avantageuses pour les fonctionnaires : or, selon le Conseil d'orientation des retraites, la majorité d'entre eux obtiennent en réalité une retraite plus basse que ce qu'ils auraient eu s'ils étaient salariés du privé[2].

En 2008, une réforme des régimes spéciaux, par exemple ceux d'EDF, de la RATP ou de la SNCF, a augmenté leur durée de cotisation requise pour

1. Institut Montaigne, *Retraites : pour une réforme durable*, 2016.

2. « Retraite du privé et du public : les fonctionnaires moins bien lotis que les salariés », *Capital*, 1er octobre 2015.

passer à quarante années. Par ailleurs, elle applique à eux aussi la technique de la décote et de la surcote.

C'est cependant deux ans plus tard, en 2010, qu'intervient une réforme portée par Éric Woerth, dont la teneur antisociale est historique. Pour la toute première fois, l'âge légal de départ à la retraite est repoussé. Il passe de 60 à 62 ans. De plus, la décote, punition financière sur ceux qui n'arrivent pas à atteindre la durée de cotisation requise pour un taux plein, s'applique dorénavant jusqu'à 67 ans, au lieu de 65.

Cela signifie par exemple qu'une personne de 65 ans ayant travaillé dans le secteur privé, et à qui il manque quatre années de cotisation pour la retraite à taux plein, doit travailler deux ans de plus jusqu'à 67 ans, ce qui relève de la fiction en contexte de chômage de masse des seniors ; ou à défaut, qu'elle doit subir une décote punitive de 10 % sur sa pension de retraite déjà inférieure au taux plein.

En 2013, la réforme portée par Marisol Touraine prolonge encore la durée de cotisation requise pour un taux plein, cette fois à quarante-trois années. Cela signifie, *bis repetita*, qu'en pratique les pensions des seniors des classes populaires vont encore baisser.

Il est de plus en plus question de réformer bientôt en profondeur notre système de retraites pour le faire fonctionner, comme en Italie et en Suède, par « comptes notionnels ». Dans cette approche, l'on imagine pour chaque personne active un « compte virtuel », sur lequel est recensé l'ensemble de ses cotisations. Ce « capital virtuel » accumulé est transformé en pension au moment du départ à la retraite, grâce à un coefficient de conversion.

Le coefficient est fondé sur deux facteurs : l'un est l'âge effectif du départ, l'autre est l'espérance de vie de chaque génération. En divisant le capital virtuel par le coefficient, l'on obtient le montant de la pension.

Ipso facto, cela signifie qu'à âge de départ égal, plus l'espérance de vie augmente, plus la pension baisse. Il s'agit donc là d'aller encore plus loin dans la remise en cause de nos droits à la retraite. Et, *de facto*, cela revient à punir financièrement le fait de vivre vieux[1].

Parallèlement, ce sont aussi les retraites complémentaires que menace l'Antisocial. Déjà en 1996 les pouvoirs publics en avaient modifié les règles de telle sorte que leur niveau, comparé à celui des salaires, s'était écroulé[2].

La nouvelle réforme actuellement en préparation va plus loin. Elle prévoit en effet qu'à compter de 2019 un nouveau régime unique de retraites complémentaires du secteur privé fonde le montant des pensions versées sur le niveau de déficit de ses propres caisses, qui est actuellement substantiel.

En d'autres termes et pour la première fois, une partie de notre système de retraites va bientôt inclure explicitement des mécanismes de baisse générale des pensions, à tel point que, dans les quinze prochaines années, les pensions complémentaires devraient baisser d'environ 9 %. Les pensions

1. « Qu'est-ce que la "retraite par points" proposée par Emmanuel Macron ? », *Le Monde*, 6 avril 2017.

2. Florence Legros et Jean-Louis Guérin, *Les Retraites*, *op. cit.*, p. 10.

complémentaires pesant plus de la moitié de la retraite d'un cadre, nous avons là un cas concret qui voit l'Antisocial s'attaquer aux classes moyennes supérieures, alors qu'en général ces dernières se croient à l'abri de ses coups[1].

Projet politique de recul de nos droits à la retraite, l'Antisocial ne s'arrêtera pas. Nous devons donc l'arrêter.

1. « Pourquoi les pensions de retraite risquent de baisser dès 2019 », *Le Parisien*, 8 novembre 2017.

6

Anti-Éducation nationale

> « Qui veut noyer son chien l'accuse de la rage. »
>
> Proverbe médiéval français (XIIIe siècle).

Pour que l'Antisocial soit arrêté dans sa course destructrice, il est absolument fondamental que les classes moyennes supérieures comprennent qu'à moyen terme, il est leur ennemi, et non pas leur allié.

Or, sa dynamique politique s'appuie bel et bien sur ce socle sociologique de soutien : les classes moyennes supérieures lui apportent la très large majorité de leurs voix et se surmobilisent par rapport au reste de l'électorat. Ce constat est confirmé par le profil sociodémographique du vote et de l'abstention au premier tour de l'élection présidentielle de 2017. Emmanuel Macron et François Fillon, ayant en commun de porter le projet politique de l'Antisocial, ont obtenu ensemble 53 % du vote des cadres contre 21 % du vote ouvrier. Ils ont totalisé 57 % du vote des foyers gagnant plus de 3000 euros par mois, contre 26 % du vote des foyers à moins de 1250 euros.

Parallèlement, l'abstention a touché seulement 16 % des foyers à plus de 3 000 euros, contre 30 % des foyers à moins de 1 250 euros[1].

Pourquoi les classes moyennes supérieures soutiennent-elles si puissamment un projet politique s'attaquant méthodiquement à des droits, à des protections, à des services publics, qui leur bénéficient comme au reste de la population ?

La réponse est à chercher du côté de ce que l'historien et anthropologue Emmanuel Todd appelle *la stratification éducative*. La hausse contemporaine spectaculaire du niveau éducatif s'est accompagnée d'un cloisonnement de la population en quatre blocs à peu près étanches : les sans-diplôme, ceux qui atteignent le niveau du baccalauréat, les « bac + 2 », et ceux qui atteignent ou dépassent « bac + 3 ». Ce cloisonnement s'accompagne d'une tendance lourde dynastique, qui voit les sans-diplôme être le plus souvent des enfants de sans-diplôme, les « bac + 3 » des enfants de « bac + 3 », et ainsi de suite. Cela tient à la dynamique inégalitaire de notre système éducatif, ainsi qu'aux mécanismes profonds de reproduction éducative et culturelle des inégalités de départ déjà abondamment démontrés par le sociologue Pierre Bourdieu[2].

Au fil des décennies, cette situation a créé un

---

1. Ipsos Steria, *1er tour présidentielle 2017 : sociologie des électorats et profils des abstentionnistes*, 25 avril 2017.

2. Voir notamment : Pierre Bourdieu et Jean-Claude Passeron, *La Reproduction. Éléments d'une théorie du système d'enseignement*, Minuit, 1970 ; Pierre Bourdieu, *La Distinction. Critique sociale du jugement*, Minuit, 1979 ; Pierre Bourdieu, *Questions de sociologie*, Minuit, 1980 ; Pierre Bourdieu, *La Noblesse d'État : grandes écoles et esprit de corps*, Minuit, 1989.

subconscient inégalitaire chez la population éduquée supérieure, dont peu ou prou les effectifs recoupent socio-économiquement ceux des classes moyennes supérieures. Déni de ce que leur réussite scolaire doit à l'héritage, aux inégalités de départ, ou au fonctionnement à deux vitesses du système éducatif, elles se sont majoritairement installées dans la croyance selon laquelle les inégalités dont elles bénéficient seraient avant tout le produit de leur mérite. Elles s'identifient donc largement aux gagnants du système en place et adhèrent au message pro-inégalités de l'Antisocial : « réformes nécessaires » ; « il n'y a pas d'alternative » ; « ils – les catégories populaires – ne *comprennent* pas ».

De fait, la gradation électorale générée par la stratification éducative est flagrante : Emmanuel Macron et François Fillon ont obtenu 38-39 % du vote des électeurs sans baccalauréat ou s'y étant arrêtés, 48 % du vote des « bac + 2 », et 54 % du vote des « bac + 3 et plus »[1],[2].

Les classes moyennes supérieures en arrivent ainsi à soutenir des politiques antisociales qui profitent aux oligarques et qui nuisent à moyen terme à leurs propres intérêts. Il est donc vital qu'elles entendent ce message : si vous ne faites pas partie des 10 % les plus riches de la population, l'Antisocial s'attaquera aussi à vous tôt ou tard.

La supériorité scolaire des classes moyennes supérieures s'appuie essentiellement, nous le verrons, sur le fonctionnement structurellement inégalitaire du

1. Emmanuel Todd, *Où en sommes-nous ?*, Seuil, 2017, p. 281-308.

2. Ipsos Steria, *1er tour présidentielle 2017...*, *op. cit.*

système éducatif, lui-même fondé sur la reproduction des inégalités sociales à l'école au moyen de la *ségrégation scolaire*.

Cette ségrégation a trois principaux instruments. Le premier est la ségrégation sociale extrême du territoire français. Le deuxième est l'existence d'un secteur privé éducatif qui aggrave encore l'entre-soi des enfants des classes moyennes supérieures. Le troisième est un choix politique de clochardisation de l'université, qui renforce mécaniquement la domination éducative des « grandes écoles » alors que ces dernières, par définition, avantagent les enfants des classes moyennes supérieures puisqu'elles sont généralement coûteuses d'accès.

Pour que ce grand séparatisme éducatif, destiné à octroyer un privilège héréditaire aux catégories déjà favorisées, apparaisse justifié, une rhétorique permanente de dénigrement de l'Éducation nationale est à l'œuvre dans notre débat public. Elle est indispensable aux gagnants de cette ségrégation scolaire car elle leur permet, aux yeux de la société et à leurs propres yeux, de prétendre n'agir qu'en légitime défense face à une Éducation nationale en pleine décadence.

Le thème privilégié de diabolisation de l'Éducation nationale est la baisse du niveau des élèves, censément preuve absolue de la déliquescence du service public éducatif.

Cette thèse est pourtant fausse. En particulier, l'affirmation très courante selon laquelle la génération de nos grands-parents était meilleure à l'école que les jeunes d'aujourd'hui ne tient pas. Le critère du taux d'illettrisme par catégorie d'âge est à cet égard édifiant, car il est aujourd'hui beaucoup plus faible chez nos jeunes que chez leurs aînés : 4 % chez les 18-25 ans ; 8 %, c'est-à-dire un taux double, chez les 46-55 ans ; 12 %, c'est-à-dire un taux triple, chez les 56-64 ans[1].

Il faut également rappeler l'extension massive du périmètre des programmes scolaires au fil des générations. Un collégien et un lycéen d'aujourd'hui en apprennent beaucoup plus sur la physique, la biologie, la géologie, la science économique que ne le faisaient leurs grands-parents. De surcroît, les examens étaient jadis beaucoup plus sélectifs : notamment le brevet des collèges et le baccalauréat. Aux temps plus anciens, pendant que les premiers de la classe réussissaient à atteindre les études supérieures les plus estimées, de grandes vagues de recalés s'accumulaient sur le bas-côté avec un arrêt de la scolarité beaucoup plus tôt que de nos jours. À force d'hypersélection, la population des plus de 50 ans *prise dans sa totalité* a donc atteint un niveau d'éducation *plus bas* que celui des jeunes d'aujourd'hui.

Par parenthèse, cela signifie qu'au sommet du système éducatif, la sélection étant moins forte, les énarques et diplômés de Sciences Po ou HEC d'aujourd'hui sont effectivement d'un niveau plus bas que leurs équivalents d'autrefois. Il n'en demeure pas moins que si l'on examine toute la population et non pas l'infime minorité des « bêtes à concours », en moyenne les seniors peineraient à réussir les examens scolaires des jeunes d'aujourd'hui, et non pas le contraire.

Du reste, ce mythe de la médiocrité éducative des jeunes par rapport au niveau bien supérieur de leurs

1. Agence nationale de lutte contre l'illettrisme, *L'Évolution de l'illettrisme en France*, janvier 2013, p. 2.

aînés était déjà exprimé dans les mêmes termes qu'aujourd'hui du temps de nos aïeux, et du temps des grands-parents de nos aïeux.

« Le baccalauréat a vu son niveau baisser d'une façon constante, au point qu'il ne suffit pas actuellement à qualifier pour l'enseignement supérieur » : ce jugement lapidaire est émis en 1947. « Les élèves ne sont plus capables d'écrire, faute de n'avoir pas fait assez de latin, et ne comprennent pas ce qu'ils lisent » : ce constat radical de déchéance scolaire remonte à 1909.

L'on aboutit donc à cette absurdité cocasse qui voudrait que le niveau éducatif français ne cesse de baisser depuis un siècle, alors même que, de toute évidence, l'alphabétisation, les savoirs et les compétences diverses de la population ont connu dans cet intervalle des progrès gigantesques[1].

Autre argument majeur de dénigrement de l'Éducation nationale, l'enquête PISA de l'OCDE évalue les compétences en mathématiques, en lecture et en science des élèves de 15-16 ans dans un panel de pays riches. La 26e place de la France dans son classement 2016 est régulièrement invoquée pour prouver notre décadence scolaire.

Or, si l'on examine en détail le classement, les résultats sont en fait extrêmement serrés : la France est 26e ex æquo avec l'Autriche – 495 points ; l'Allemagne avec à peine plus, 509 points, est 15e ex æquo avec les Pays-Bas. Plus largement, hormis la Finlande et l'Estonie, les vingt pays d'Europe les mieux classés sont tous dans la même bande étroite d'environ 490-510 points.

1. Sophie Mazet, *Prof : les joies du métier*, Robert Laffont, 2017, p. 89-90.

Il est donc erroné d'accuser notre pays de déchéance éducative sur la base d'une enquête dans laquelle ce que l'on observe réellement, c'est un gros peloton de pays européens qui, France incluse, sont tous à peu près au même niveau.

Le gros peloton des pays d'Europe au même niveau de performance éducative (classement en points PISA) :

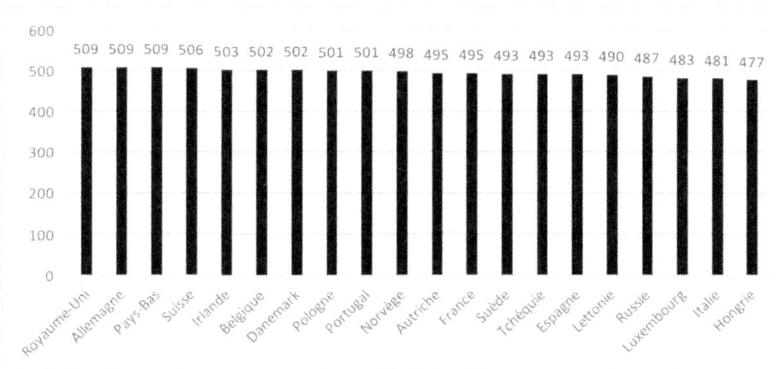

Source : OCDE, *PISA 2015*, 2016, p. 5.

De surcroît, des failles lourdes dans la méthode PISA conduisent à mettre en doute le classement de certains pays très au-dessus de la France.

Par exemple, Singapour obtient la première place mais sa scolarité obligatoire s'arrête avant 15 ans. Tout un pan des élèves sort donc de son système éducatif avant que l'OCDE mesure sa performance, ce qui tire artificiellement son résultat vers le haut. Autre exemple, la performance de la Chine n'est mesurée que pour Macao d'une part, et pour le quatuor de villes « Pékin, Shanghai, Jiangsu, Guangdong » d'autre part : cela permet à ces deux sélections d'être artificiellement très bien classées, respectivement sixième et dixième, alors que, si le système éducatif chinois tout entier était évalué, son rang dégringolerait.

Autrement dit, le classement PISA ne donne pas d'éléments probants pour prétendre que notre système éducatif serait sous-performant[1].

Une autre figure récurrente pour discréditer l'Éducation nationale consiste à accuser ses enseignants de travailler peu ; d'être « des fainéants ».

C'est faux. Les enseignants de l'école primaire sont largement au-dessus de la moyenne européenne[2] : 924 heures de cours contre 756. Les enseignants du collège sont dans la moyenne : 648 heures contre 656. Quant aux enseignants du lycée, ils sont légèrement au-dessus : 648 heures contre 625.

En outre, si l'on raisonne sur le temps de travail exigé, c'est-à-dire y compris en dehors des cours, ces mêmes enseignants français sont tous légèrement *au-dessus* de la moyenne européenne : il leur est demandé de travailler au moins 1 607 heures par an alors que celle-ci tourne autour de 1 570. Au demeurant, si l'on prend l'exemple des professeurs des lycées publics et que l'on comptabilise la totalité de leur temps de travail effectif, ils dépassent tous très largement la semaine de 35 heures : ils sont en moyenne à plus de 41 heures, et le gros des troupes frôle même les 43 heures.

1. OCDE, *PISA 2015*, 2016, p. 5.
2. Il s'agit de la moyenne de « l'Union européenne à 21 », c'est-à-dire les pays qui sont membres de l'Union européenne et par ailleurs membres de l'OCDE.

Bref, soutenir que nos enseignants ne travaillent pas assez est sans fondement[1],[2].

Un problème concernant les enseignants, bien réel celui-là, est beaucoup plus rarement évoqué par notre débat public : le fait qu'ils soient sous-payés.

Du primaire au lycée, leur rémunération est quasi systématiquement en dessous de la moyenne européenne. L'écart peut être léger, comme lorsque l'OCDE, qui compte en dollars, constate qu'un professeur de collège en début de carrière gagne 30 343 dollars par an alors que cette moyenne européenne est à 31 533. Il est cependant de plus en plus fort avec le temps : de sorte qu'au bout de quinze années de travail, un professeur de lycée gagne 36 897 dollars contre 44 507 pour ses homologues d'Europe.

Cet écart se fait gouffre si l'on compare la paie de nos enseignants à ce qui se pratique en Allemagne car, en substance, les professeurs y touchent environ le double de leurs collègues français. Il y a toutefois plus grave. À savoir : durant la décennie 2000 et jusqu'en 2013, alors que l'OCDE observe l'augmentation des salaires des enseignants dans la plupart des pays d'Europe, la France fait partie des rares pays européens où, au contraire, ceux-ci ont *baissé* en valeur réelle de 8-10 %[3].

1. OCDE, *Regards sur l'éducation 2015 : les indicateurs de l'OCDE*, 2015, p. 497.

2. Direction de l'évaluation, de la prospective et de la performance du ministère de l'Éducation nationale, « Les enseignants du second degré public déclarent travailler plus de 40 heures par semaine en moyenne », note d'information n° 13. 13, juillet 2013.

3. OCDE, *Regards sur l'éducation 2015..., op. cit.*, 2015, p. 461 et 468.

Tandis qu'est diffusée en boucle la mythologie de la décadence de notre jeunesse, de ses enseignants et de l'Éducation nationale tout entière, l'impact véritablement délétère de certaines politiques éducatives est, lui, globalement passé sous silence.

C'est particulièrement vrai des carences des réformes éducatives censées aider les élèves des milieux défavorisés : les « jeunes de banlieue », dont j'ai analysé la diabolisation médiatique permanente et l'état de relégation socio-économique dans de précédents travaux[1] ; ainsi que la jeunesse paupérisée des territoires ruraux. En théorie, les dispositifs d'éducation prioritaire compensent les difficultés socio-économiques de ces populations en accordant davantage de moyens aux établissements scolaires qui s'y trouvent. Cependant, ce n'est hélas que poudre aux yeux. Le dispositif est massivement trop étroit, à tel point que les trois quarts des élèves issus de milieux défavorisés ne sont pas scolarisés dans un établissement qui en bénéficie. Et pour la minorité qui l'est, le surcroît de moyens censé compenser les inégalités de départ est beaucoup trop infime pour avoir un impact : il y a 22,5 élèves par classe dans ces réseaux d'éducation prioritaire ; il y en a 24 dans les autres écoles[2],[3].

À cela s'ajoute, depuis dix ans, une politique de saignée de l'Éducation nationale, caractéristique de

1. Thomas Guénolé, *Les jeunes de banlieue mangent-ils les enfants ?*, préface d'Emmanuel Todd, Le Bord de l'eau, 2015.

2. « Éducation : les politiques territoriales servent-elles à quelque chose ? », Observatoire des inégalités, 11 mai 2017.

3. « Les trois quarts des élèves défavorisés étudient hors de l'éducation prioritaire », Observatoire des inégalités, 13 octobre 2017.

l'Antisocial puisqu'il s'agit là de détruire *de facto* un service public.

Rien moins que 80 000 postes d'enseignants ont été supprimés de 2007 à 2012. L'idée du ministère de l'Éducation nationale était de réaliser ce faisant des économies budgétaires, en arguant du fait que la baisse du nombre total d'élèves justifierait la coupe claire. C'était oublier que les études sont de plus en plus longues, et surtout, que le nombre d'élèves des lycées a, au contraire, augmenté.

Par la suite, après 2012 il y a certes eu un revirement politique pour recruter davantage. Mais l'énorme hémorragie n'a alors été que très minoritairement jugulée, puisqu'en septembre 2015 seulement 35 000 postes d'enseignants avaient été créés.

Le bilan net de suppression de postes a donc provoqué l'accumulation des pénuries d'enseignants en de multiples points du territoire. En avril 2016 l'on constate que, depuis la rentrée scolaire 2015, environ 20 000 jours de cours ont été perdus faute d'enseignant pour les assurer ; et que dans les collèges et les lycées, les absences courtes de professeurs ne sont pas remplacées dans près de deux cas sur trois[1].

Dans le climat actuel de diabolisation de l'Éducation nationale, l'accusation d'absentéisme excessif faite aux enseignants surgit quasi automatiquement lorsqu'il est question des « classes sans profs ». Nous tombons là sur une variante du mythe « les profs sont

1. « Combien de profs en moins ? », Europe 1, 27 septembre 2011 ; « Fonctionnaires – Dégraissage, embauches : les vrais bilans de Sarkozy et de Hollande », LCI, 10 mars 2016 ; « Éducation nationale : trop de classes sans profs », *Le Parisien*, 4 avril 2016.

des fainéants ». C'est pourtant là encore leur faire un faux procès puisque, contrairement aux idées reçues les plus solidement ancrées, les enseignants sont moins absents que les salariés du secteur privé.

La comparaison est sans appel : les enseignants s'absentent du poste en moyenne 6,6 jours par an; pour les salariés du privé, c'est 16,8 jours, c'est-à-dire plus du double. Si l'absentéisme professoral n'est pas anormalement élevé et s'il est même plus bas que dans le salariat privé, la conclusion logique est qu'il manque des postes d'enseignants pour couvrir les besoins[1].

Cette situation a, sur la santé du corps enseignant, des conséquences néfastes peu évoquées. Si l'absentéisme, nous l'avons vu, reste plus bas chez ses membres que parmi les salariés du privé, la proportion d'enseignants absents au moins un jour au cours d'une semaine pour raison de santé a augmenté de 20 % de 2013 à 2015. Bien que le taux de démission des stagiaires au collège reste très faible, à 3 %, il a tout de même triplé entre 2012-2013 et 2015-2016, indice très clair que quelque chose ne va pas. Constat similaire pour les titulaires : contrairement aux tableaux ambiants apocalyptiques sur le « malaise des enseignants » ou sur leur désespoir dépressif, le nombre de démissions reste extrêmement bas, avec un peu plus de 1 000 départs en 2015-2016; il a toutefois doublé entre 2009-2010 et 2015-2016, indice supplémentaire d'une dégradation des conditions de travail.

---

1. « Éducation nationale : trop de classes sans profs », *Le Parisien*, 4 avril 2016; « Le taux d'absentéisme reste stable dans le secteur privé en France », *La Tribune*, 8 septembre 2017.

Plus grave, 14 % des agents de l'Éducation nationale déclarent être en état d'épuisement professionnel, ce qui signifie qu'un agent sur sept est en burn out. Et près d'un agent sur quatre déclare être en état de tension au travail. La pénurie d'enseignants provoquée par les pouvoirs publics génère donc une réaction en chaîne de tension, de burn out et de découragement croissants dans le personnel de l'Éducation nationale[1].

Pendant ce temps, l'Antisocial s'attaque au service public universitaire. Il y a clochardisation, en donnant aux universités beaucoup moins de financement que ce qu'il leur faut pour faire face à l'afflux d'étudiants. Et il y a dénaturation, en les amenant à appliquer des méthodes inspirées de l'enseignement supérieur privé alors que la finalité de l'enseignement supérieur public n'est fondamentalement pas la même.

Dans le privé, le but est la profitabilité la plus élevée possible sur le marché éducatif, tandis que l'objectif implicite est la perpétuation générationnelle d'élites issues d'un entre-soi de classes moyennes supérieures. Dans le public, la mission est l'égalité dans l'émancipation par l'éducation, en hissant au niveau des diplômes supérieurs la population jeune la plus nombreuse possible.

La loi LRU de 2007[2] marque à cet égard le début des grandes manœuvres anti-universités. La réforme

1. Carrefour santé social 2011 (MGEN, MGEN Santé publique, FSU, UNSA Éducation, SGEN CFDT), *Enquête Carrefour santé social 2011 – Santé et travail : étude des risques psychosociaux, de l'épuisement professionnel et des troubles musculo-squelettiques*, 2012.

2. Loi relative aux libertés et responsabilités des universités du 10 août 2007.

fait de leurs présidents les équivalents à leur poste d'un chef d'entreprise, ce qui est déjà en soi une dénaturation fondamentale puisque la raison d'être d'une entreprise est le profit financier. Ils reçoivent donc le pouvoir décisionnel sur le budget et un droit de veto sur les recrutements dans l'établissement.

Cependant, par la suite, la promesse initiale d'augmenter le budget des universités d'un milliard d'euros par an n'a pas été tenue. Et dans le même temps, l'augmentation à l'ancienneté des salaires du personnel déjà présent et l'afflux d'étudiants pour cause de démographie, phénomènes tous deux parfaitement prévisibles, ont fait monter les moyens nécessaires pour que les universités fonctionnent normalement. Nos universités ont donc basculé les unes après les autres dans une politique budgétaire d'austérité, qui les a vues dégrader leurs capacités d'accueil à la fois en volume et en qualité alors qu'il y a, démographie oblige, de plus en plus de candidats : par exemple, l'université de Versailles Saint-Quentin-en-Yvelines a connu un accroissement de ses effectifs étudiants de plus d'un tiers entre 2006 et 2012.

Tentative de parade face à la pénurie, l'on observe une forte tendance des universités à essayer de fusionner entre elles. Mais les énormes problèmes de gestion que génère en cascade ce type de démarche ne font qu'aggraver la situation.

L'exemple de la fusion Aix-Marseille Université, lancée en 2012, est un bon exemple. La gigantesque masse de ressources humaines à redéployer conduit à accumuler les changements de postes qui ne correspondent pas aux compétences. Le temps de traitement moyen des dossiers devient plus long tandis que les lourdeurs administratives s'empilent pour les enseignants et les étudiants. Environ 70 % du personnel en bas d'échelle – c'est-à-dire des agents de catégorie C – déclarent que leurs conditions de travail se détériorent et que, signe de pénuries croissantes, le travail se fait de plus en plus systématiquement dans l'urgence[1].

Absurdement, cette vague de fusions d'universités en vient à vampiriser le peu de créations de postes consenties par les pouvoirs publics. Sur le millier de postes créés en 2015 pour l'enseignement supérieur, environ un tiers a été phagocyté par les besoins du fonctionnement de ces mastodontes : soit l'exact contraire du but recherché[2].

Toujours est-il que l'impact négatif lourd ne s'est guère fait attendre. Dès 2013, une université sur quatre est en déficit : pour les trois quarts d'entre elles, c'est une situation nouvelle, ce qui pointe la responsabilité de l'austérité budgétaire provoquée par les pouvoirs publics. *Ipso facto*, les dégradations de la qualité du service public éducatif s'accumulent : de plus en plus d'étudiants dans les classes de travaux dirigés ; des programmes de licence dont les capacités sont saturées ; l'arrêt de dispositifs de tutorat ; des « gels » de postes d'enseignants ; des fermetures de formation ; le report ou l'annulation de travaux pour-

1. « Aix-Marseille, laboratoire de la fusion des universités », *Le Monde diplomatique*, septembre 2016.

2. Avis présenté par M. Jacques Grosperrin et Mme Dominique Gillot au nom de la commission de la culture, de l'éducation et de la communication sur le projet de loi de finances pour 2016, Sénat, 19 novembre 2015.

tant nécessaires de réfection des bâtiments ; et ainsi de suite[1],[2].

En 2017, à la mi-juillet, 87 000 bacheliers étaient toujours sans affectation[3]. À Lille, la rentrée du département de sciences politiques a dû être reportée faute de professeurs en nombre suffisant. Même chose à Rouen, du fait de locaux en trop mauvais état pour un déroulement normal des cours. À Besançon, 600 étudiants ont dû se partager un amphithéâtre d'une capacité de 120 places. À Strasbourg, une faculté en est venue à improviser des cours dans la rue.

D'un côté, là encore pour cause de démographie, il y a 153 000 étudiants de plus depuis 2010, 40 000 étudiants supplémentaires apparaissent chaque année, et ce devrait être 200 000 à l'horizon 2024. De l'autre côté, les universités comptent aujourd'hui 10 000 enseignants en moins par rapport à 2010, et en 2018 nous aurons atteint la septième année consécutive de baisse de notre dépense publique par étudiant[4]. Comprenne qui pourra !

Bref, à force de sabotage par les pouvoirs publics de ses capacités à assurer sa mission, le système universitaire s'enfonce dans la clochardisation.

Parallèlement, les mêmes pouvoirs publics enchaînent les réformes faisant adopter aux universités

---

1. « Qu'ont fait les universités de leur autonomie ? », *La Croix*, 10 août 2017.
2. « Autonomie : ces universités à la rue à cause de la loi LRU », *Libération*, 22 décembre 2013.
3. « 87 000 bacheliers attendent toujours leur affectation à l'université », *Libération*, 16 juillet 2017.
4. « Ubu règne sur l'université française », *Le Monde diplomatique*, septembre 2017.

des méthodes antisociales copiées sur l'enseignement supérieur privé : la sélection à l'entrée sur dossier et par l'argent. Permise depuis 2016, la sélection à l'entrée en master est désormais pratiquée dans 85 % des cas. Quant aux frais d'inscription, ils commencent à augmenter. Par exemple, Paris-Dauphine contourne la règle des frais bas en développant des « diplômes d'établissement », distincts des diplômes d'État, qui peuvent coûter jusqu'à 4000 euros par an.

Cette évolution générale est en contradiction totale avec la finalité de l'enseignement supérieur public : la sélection à l'entrée abolit l'idée même d'un service public destiné à hisser le plus grand nombre au niveau des diplômes supérieurs dès lors que le niveau préalable, le baccalauréat, a été atteint; quant à la sélection par l'argent, elle contrevient au but le plus basique d'un service public, qui est de compenser les inégalités de départ et non de favoriser ceux que leur milieu d'origine favorise déjà. Simultanément, l'état de pénurie universitaire provoque par effet de vases communicants l'explosion à la hausse des inscriptions dans l'enseignement supérieur privé : à tel point que depuis 2010 leurs effectifs augmentent deux fois plus rapidement que ceux des universités[1]. Or, les frais d'inscription n'y connaissent aucune limitation.

D'un côté, la clochardisation des universités par les pouvoirs publics ouvre grand les vannes de l'accroissement des effectifs étudiants dans le secteur privé, ce qui alourdit son poids dans le système d'ensemble. De l'autre, poussées dans ce sens au fil des réformes gouvernementales, les universités adoptent petit à

1. *Ibid.*

petit les méthodes du privé : *via* l'austérité budgétaire permanente, qui aboutit aux mêmes pratiques qu'un objectif de profit maximal ; et *via* l'introduction de la sélection sur dossier et par l'argent. L'Antisocial parvient donc à instaurer une double dynamique de privatisation de l'enseignement supérieur.

En moyenne, les élèves et étudiants issus des milieux défavorisés ont plus de handicaps d'ordre environnemental pour réussir scolairement. Par exemple, sous l'impact disloquant de conditions de vie difficiles et des tensions relationnelles qui en résultent, les environnements familiaux dysfonctionnels sont plus présents en milieu pauvre que dans l'ensemble de la population. Autre exemple, contrairement au cliché balianophobe[1], implicitement raciste, sur les nuisances sonores dans les barres HLM qui seraient dues à une population trop bruyante, c'est en fait le lourd défaut d'isolation sonore de ces bâtiments qui conduit à un cadre de vie effectivement plus bruyant que la moyenne. Il s'ensuit qu'il est plus difficile pour un élève de banlieue pauvre de réviser ou de faire ses devoirs au calme ; *a fortiori* lorsque, comme c'est souvent le cas, il n'a pas sa propre chambre où s'isoler pour étudier[2].

Par conséquent, plus on concentre des élèves de milieux défavorisés dans la même classe ou le même établissement et plus on y accumule les élèves en difficulté, plus l'atteinte du niveau éducatif visé y

1. J'appelle « balianophobie » le mélange de haine et de peur envers les jeunes de banlieue. Voir : Thomas Guénolé, *Les jeunes de banlieue mangent-ils les enfants ?*, *op. cit.*, p. 13-16.

2. *Ibid.*, p. 137-155.

devient difficile. La mixité sociale dans les classes et les établissements, pour mélanger les élèves et les étudiants de tous milieux socio-économiques, est donc absolument indispensable afin de tirer tout le monde vers le haut. Problème : des constats sociologiques conduisant à cet impératif les classes moyennes supérieures dans leur ample majorité ont tiré une conclusion égoïstement inverse. Au lieu de mélanger les enfants de tous milieux sociaux pour que le niveau éducatif général monte, elles entendent s'assurer à n'importe quel prix que leurs enfants restent entre eux : ceci, à la façon d'une montgolfière qui lâcherait du lest pour gagner en altitude, au détail près que les lests qu'ils lâchent dans le vide sont les enfants des autres.

Or, une partie de l'argent des impôts que nous payons tous, milieux défavorisés inclus, sert à subventionner ce séparatisme éducatif des classes moyennes supérieures. Que ces dernières veuillent sortir leur progéniture du système éducatif public est une chose. Après tout, chacun a aussi le droit, par exemple, de préférer prendre sa voiture, véhicule privé, au lieu des transports en commun publics ; mais il finance la voiture et ce trajet sur ses propres deniers. Dans le même ordre d'idées, le fait que notre argent à tous finance *via* l'impôt le choix par certains de placer leurs enfants dans le privé est objectivement indéfendable : quitte à en avoir le droit, ils devraient au moins le faire avec leur propre argent. Les collèges et lycées de l'enseignement *privé* sous contrat sont pourtant financés à hauteur des deux tiers de leur budget par de l'argent *public*. Ce problème se pose aussi dans une moindre mesure pour les établissements privés d'enseignement supérieur : 20 % de leur budget proviennent de l'argent public[1].

La ségrégation scolaire prend des proportions ahurissantes. Au collège et au lycée, en moyenne, un élève issu d'un milieu favorisé a presque deux fois plus de camarades de classe de milieu favorisé qu'il n'en a issus des classes moyennes ou populaires. Pendant ce temps, un élève sur dix est scolarisé dans un établissement dont les deux tiers des effectifs sont des enfants de milieux défavorisés. En d'autres termes, un collégien dont les parents sont riches est généralement entouré d'une écrasante majorité de collégiens dont les parents sont riches eux aussi, tandis que, globalement, la majorité des enfants situés en bas de la pyramide sociale s'entassent dans des « ghettos scolaires ». Sommet de la reproduction socio-économique des élites par le séparatisme éducatif, 5 % des élèves de troisième sont dans un établissement dont 60 % des effectifs proviennent de milieux très favorisés et dont, incidemment, 43 % des élèves obtiennent de très bonnes notes au brevet[2].

Cette ségrégation est certes en partie la simple conséquence des inégalités criantes de richesse entre populations des différents territoires du pays[3]. Le système de la « carte scolaire » oblige les parents à envoyer leurs enfants, s'ils optent pour l'enseignement public,

1. Direction de l'évaluation, de la prospective et de la performance du ministère de l'Éducation nationale, *Repères et Références statistiques 2017*, 2017, p. 320.

2. Cnesco, *Comment l'école amplifie-t-elle les inégalités sociales et migratoires ?*, rapport scientifique, 2016, p. 33.

3. Voir sur cet enjeu : Christophe Guilluy, *Fractures françaises*, Flammarion, 2013.

dans le collège ou le lycée le plus proche de leur lieu de résidence. Dès lors que le contraste socio-économique d'un territoire à un autre est important, cette pratique provoque mécaniquement un entre-soi social : établissements publics à dominante d'élèves riches dans les territoires riches; établissements publics à dominante d'élèves pauvres dans les territoires pauvres.

Cependant, cet effet induit est très loin d'être seul en cause. En effet, lorsqu'en 2007 les pouvoirs publics ont facilité les dérogations à la carte scolaire, censément pour permettre à davantage d'élèves pauvres d'accéder à des établissements publics en territoire plus prospère, les demandes de dérogation ont explosé à la hausse; mais surtout en provenance des classes moyennes supérieures[1].

À cela s'ajoute un « effet passoire » dû à l'existence de l'enseignement privé : plus cher, donc majoritairement réservé aux classes moyennes supérieures, ces dernières l'utilisent abondamment pour éviter de se voir appliquer la carte scolaire[2]. Il y a donc là encore de leur part une stratégie répétée, par tous les moyens possibles, de séparatisme éducatif; stratégie que facilitent les politiques éducatives en vigueur.

Signe de banalisation et d'acceptation de la ségrégation scolaire jusque par les dirigeants des établissements, celle-ci est également pratiquée dans la

---

1. « Emmanuel Macron veut s'attaquer à la carte scolaire », RTL, 3 décembre 2016.
2. « Mixité sociale : une carte scolaire dure à rebattre », *Libération*, 1er mars 2015.

répartition des élèves entre classes au sein d'un même établissement.

Par exemple, à l'intérieur d'une classe de troisième, en moyenne un élève de milieu favorisé connaît une part de camarades issus de milieux favorisés 22 % plus élevée que celle connue par un élève de milieu défavorisé. En d'autres termes, lorsqu'ils ne sont pas eux-mêmes des « ghettos scolaires », nos collèges et nos lycées ont une tendance lourde à regrouper tous les élèves en difficulté, parmi lesquels les élèves issus de milieux défavorisés sont surreprésentés, dans des « classes-poubelles ». Nous retrouvons la métaphore de la montgolfière : collèges et lycées « lâchent du lest »[1].

Dès lors que la ségrégation scolaire atteint pareille puissance au collège puis au lycée, elle persiste inévitablement par effet domino lorsqu'intervient l'échéance du baccalauréat.

Les chiffres sont sans appel : 88 % des enfants des cadres supérieurs obtiennent le baccalauréat quel que soit son type ; c'est 41 % pour les enfants des ouvriers non qualifiés. Le baccalauréat scientifique – « bac S » – reste la voie royale d'accès aux études supérieures : il est obtenu par 41 % des enfants de cadres supérieurs contre moins de 5 % des enfants d'ouvriers non qualifiés. Le reste est à l'avenant[2].

Étape ultérieure de l'effet domino, cette ségrégation frappe ensuite l'accès des bacheliers à l'enseignement supérieur. D'un côté, les jeunes issus d'un

1. Son Thierry Ly et Arnaud Riegert, *Mixité sociale et scolaire et ségrégation inter- et intra-établissement dans les collèges et lycées français*, Cnesco, 2016, p. 29.
2. « L'inégal accès au bac des catégories sociales », Observatoire des inégalités, 14 juin 2017.

milieu ouvrier pèsent environ un tiers de la population des 18-23 ans, mais ils ne représentent que 11 % de la population étudiante; au contraire, les enfants de cadres supérieurs pèsent 17,5 % des 18-23 ans mais représentent 30 % des étudiants. En outre, une fois à l'université, plus on s'élève dans la scolarité moins les jeunes des milieux ouvriers sont présents[1].

La ségrégation est tout aussi criante au niveau des classes préparatoires aux grandes écoles : les « CPGE », structures d'élite d'entraînement scolaire extrême qui conduisent leurs élèves aux études supérieures les plus prestigieuses avec un taux de réussite au-delà des 80 %. Près d'un étudiant sur deux qui accède aux CPGE est issu d'un milieu favorisé. Un jeune issu d'un milieu favorisé a d'ailleurs vingt fois plus de chances de les intégrer qu'un autre issu d'un milieu populaire.

Pareil niveau de reproduction sociale des milieux favorisés interdit donc de prétendre, mensonge courant, que les classes préparatoires relèveraient de la « méritocratie républicaine ». Si l'on ajoute à cela le fait que l'État dépense chaque année 15 100 euros par étudiant en CPGE contre 10 390 euros par étudiant à l'université, l'on constate ici encore que les pouvoirs publics privilégient la réussite éducative des enfants des classes moyennes supérieures[2],[3].

---

1. « Les milieux populaires largement sous-représentés dans l'enseignement supérieur », Observatoire des inégalités, 1er septembre 2017.

2. « Inégalités de traitement des étudiants suivant les filières en France », Sciences en Marche, 19 octobre 2015.

3. Ministère de l'Éducation nationale, *État de l'école 2016*, n° 26, décembre 2016, p. 20.

Même constat de ségrégation scolaire au niveau des grandes écoles elles-mêmes. Il y a cinquante fois plus d'enfants de cadres que d'enfants d'ouvriers à Polytechnique. C'est vingt fois plus dans les écoles normales supérieures, où les enfants de cadres pèsent la moitié des élèves alors qu'ils ne représentent qu'un quart environ de l'ensemble de la population jeune. Un peu moins de la moitié des étudiants des écoles d'ingénieurs sont des enfants de cadres supérieurs. Moins de 5 % des étudiants de l'ENA sont des enfants d'ouvriers et d'employés, tandis que près de 70 % sont des enfants de cadres supérieurs, de professions libérales et d'enseignants.

Les mesures affichées par certaines grandes écoles pour accroître la mixité sociale dans leurs effectifs, notamment *via* des bourses étudiantes, ne changent foncièrement pas la donne : par exemple, l'on compte à Sciences Po 30 % d'étudiants boursiers mais, en réalité, seulement 11 % d'étudiants d'origine populaire. Quant aux écoles de commerce, c'est l'omerta qui prévaut : elles ne communiquent pas les données qui permettraient d'évaluer leur degré de mixité sociale, ce qui constitue vraisemblablement en creux le terrible aveu d'un taux d'entre-soi inavouable[1].

La ségrégation scolaire n'est hélas appelée qu'à s'aggraver. En particulier, à l'heure où j'écris ces lignes, le ministère de l'Enseignement supérieur compte, en invoquant la saturation des universités que les pouvoirs publics ont eux-mêmes provoquée,

1. « Des classes préparatoires et des grandes écoles toujours aussi fermées », Observatoire des inégalités, 12 avril 2017.

instaurer la sélection à l'entrée sur dossier dès la première année d'études[1].

Du fait de la situation actuelle de ségrégation scolaire généralisée, cela aggravera mécaniquement et inévitablement les inégalités sociales d'accès à l'enseignement universitaire. Et cela l'écartera encore plus de sa finalité profonde, qui est de hisser le plus grand nombre au niveau des diplômes supérieurs, puisque trier *à l'entrée* en est l'exact contraire.

Il y a en outre fort à parier que, toujours en invoquant la saturation des universités, l'étape d'après soit à terme d'accélérer l'augmentation des frais d'inscription : c'est-à-dire la sélection par l'argent.

Projet de clochardisation de l'Éducation nationale, de privatisation rampante de pans entiers de cette dernière et d'aggravation de la ségrégation scolaire, l'Antisocial ne s'arrêtera pas. Nous devons donc l'arrêter.

---

1. « Universités : ce qui doit changer dès cette année », *Le Parisien*, 29 octobre 2017. Les facultés donneront un avis, favorable ou défavorable, après examen du dossier scolaire du candidat. Si le candidat maintient sa candidature malgré un « avis défavorable », la faculté lui imposera jusqu'à une année entière de cours de remise à niveau : cette surcharge, par son effet dissuasif, introduira donc bien une sélection à l'entrée. Par ailleurs, les « filières en grande tension » pourront directement « refuser des élèves », c'est-à-dire les sélectionner à l'entrée sur dossier.

7

Anti-fonctionnaires

> « Il paraît qu'il faut virer les profs,
> Et puis les travailleurs sociaux,
> Les fonctionnaires qui servent à rien
> Les infirmières à 1 000 euros [...] »
>
> Damien Saez, « J'accuse », 2010.

La destruction graduelle de l'État et des services publics par l'Antisocial s'inscrit dans un cercle vicieux. Pareil aux rouages d'une horloge que l'on mettrait subitement à nu, son mécanisme est particulièrement visible à chaque grand krach financier.

Le système financier n'a pas toujours été l'actuel théâtre des beuveries les plus débridées – les bulles spéculatives boursières – et de leurs brutales gueules de bois – les krachs. Un autre système financier, sobre, responsable, est possible puisqu'il a déjà existé. Il fut mis en place après le grand krach de 1929 par le président des États-Unis d'Amérique Franklin D. Roosevelt. Ce dernier instaura un contrôle strict des entrées et des sorties de capitaux, pour empêcher qu'à l'avenir leurs afflux et reflux brutaux puissent déstabiliser l'économie du pays jusqu'à l'effondrement. Il installa une stricte séparation entre les banques d'affaires, qui spéculent en Bourse, et les banques de dépôt, qui récoltent les revenus, l'épargne, et distribuent des prêts dans l'économie réelle[1] : ceci, afin qu'un krach boursier ne puisse plus se propager à toute l'économie *via* l'écroulement de grandes banques simultanément d'affaires et de dépôt. Enfin, au moyen des accords internationaux de Bretton Woods, il fit attribuer aux monnaies du monde une valeur fixe fondée sur une certaine quantité d'or, à charge pour chaque gouvernement de ne quasiment pas s'en écarter : cela stabiliserait les valeurs réciproques des monnaies et donc le système financier tout entier.

Les résultats obtenus furent plus que probants : les grandes firmes financières ainsi encadrées et forcées à la sobriété, il n'y eut aucun grand krach boursier de la fin de la Seconde Guerre mondiale jusqu'au début des années 1970[2].

C'est en 1971 qu'un autre président des États-Unis d'Amérique, Richard Nixon, rouvrit la boîte de Pandore. Le déficit du gouvernement états-unien

---

1. Ce fut le Banking Act de 1933. De nos jours, il est parfois appelé, à tort, le Glass-Steagall Act. Ce dernier est en réalité une autre loi, de 1932, facilitant les politiques de relance monétaire.

2. Parmi ces trois réformes, seul le retour au système monétaire de l'étalon-or poserait vraisemblablement d'énormes difficultés pratiques. Cependant une alternative existe : les droits de tirage spéciaux, dits « DTS », sont une monnaie mondiale fabriquée par le Fonds monétaire international. Peu utilisés, ils pourraient devenir sans difficulté technique particulière l'étalon de mesure d'un nouveau système monétaire international, où la valeur des monnaies serait stable. C'est d'ailleurs ce que propose la Chine, première puissance économique mondiale.

allait croissant. De plus en plus de gouvernements vidaient les réserves d'or du pays, préférant convertir leurs stocks de dollars en stocks du précieux métal. La Maison Blanche suspendit donc la convertibilité du dollar en or, puis obtint l'abolition du système monétaire tout entier de Bretton Woods. À sa place, Washington imposa de traiter dorénavant les monnaies en produits boursiers ordinaires : chaque monnaie serait cotée sur le marché des changes, la valeur de chacune dépendant de l'offre et de la demande de cette monnaie.

À peine deux années s'écoulèrent avant que cette brèche ne provoque le premier grand effondrement économique depuis le krach de 1929 : celui de 1973. Ce dernier est souvent attribué *a posteriori* – et à tort – uniquement à la guerre du Kippour. La victoire d'Israël contre l'Égypte et la Syrie a certes conduit les pays arabes exportateurs de pétrole à en augmenter le prix en représailles. Cependant, en plus de cela, la décision de Richard Nixon provoquant la chute de la valeur du dollar, les pays de l'Opep[1] décidèrent de fixer le prix de leurs barils en stock d'or, ce qui intensifia l'envol des prix. En d'autres termes, le « choc pétrolier » de 1973 fut aussi l'effet secondaire d'un krach monétaire, lui-même provoqué essentiellement par l'abandon d'un des trois piliers rooseveltiens d'encadrement du système financier.

Par la suite, à partir des années 1980, les grandes banques d'affaires se mirent à se vendre elles-mêmes en Bourse, pour pouvoir miser les capitaux colossaux ainsi récoltés dans des opérations boursières de plus

1. Opep : Organisation des pays exportateurs de pétrole.

en plus faramineuses et risquées. S'endetter immensément afin de s'engager dans une boulimie d'achats d'entreprises devint une pratique courante.

Parallèlement, avec comme locomotives les gouvernements de Ronald Reagan pour les États-Unis d'Amérique et de Margaret Thatcher pour le Royaume-Uni, le système financier connut une grande vague de démolition de l'encadrement, des contrôles et des limitations de ses activités.

Les années 1990 virent, quant à elles, se banaliser deux pratiques particulièrement néfastes.

L'une est la *finance de l'ombre*[1], qui consiste à effectuer des opérations financières de plus en plus colossales en dehors de la Bourse et en dehors de tout regard quel qu'il soit : il s'ensuivit un accroissement considérable de l'opacité financière dans le monde.

L'autre est l'autocontrôle, un principe selon lequel il est préférable que la finance se contrôle elle-même ou paie des sociétés privées pour s'en charger. Cela entraîna l'atrophie des organes d'État jusqu'alors chargés de contrôler les abus du système financier et, symétriquement, l'âge d'or des grandes firmes d'audit.

Enfin, dernier clou dans le cercueil des réformes rooseveltiennes, en 1999 les États-Unis d'Amérique abolirent la grande séparation entre banques d'affaires et de dépôt[2].

À ce grand retour progressif de la finance folle des années 1920 a correspondu, en bonne logique, le grand retour des krachs, de plus en plus graves et de plus en plus fréquents : 1987, 1997, 2000, 2007...

---

1. *Shadow banking system* : « finance de l'ombre » en anglais.
2. Ce fut l'adoption du Gramm-Leach-Bliley Act.

Celui de 1987 a fait perdre presque le quart de sa valeur à l'indice boursier de référence, le Dow Jones, *en une seule journée :* la cause en était l'utilisation de l'énorme instabilité de la valeur du dollar par « la finance », pour gonfler artificiellement ses profits.

Le krach de 1997 a fait s'effondrer les Bourses des pays émergents asiatiques : la cause en était un afflux tellement disproportionné de capitaux de « la finance » que l'économie de ces pays ne pouvait plus les digérer, d'où un reflux tout aussi brutal de capitaux qui provoqua une crise économique massive.

Le krach de 2000-2003 a fait perdre 65 % de sa valeur en deux ans et demi à l'indice boursier de référence pour les nouvelles technologies d'information et de communication, le Nasdaq : la cause en était la fin brutale de l'euphorie de « la finance » envers la bulle Internet.

Celui de 2007-2008 a fait chuter les indices boursiers de toute la planète de 40 à 60 % en un an et demi : la cause en était la création de la gigantesque catastrophe des *subprimes* par « la finance ».

Pourtant, au lieu d'un principe de sanction systématique des grandes firmes financières lorsque leurs errements provoquent des catastrophes, le gouvernement des États-Unis d'Amérique et à sa suite ceux des autres grandes puissances économiques adoptèrent, au contraire, dès le krach de 1987, un principe d'impunité : le *too big to fail*[1].

L'idée est simple : les grandes firmes financières étant énormes au point que leur écroulement aurait un impact bien trop néfaste sur l'économie réelle,

1. *Too big to fail* : « trop grand pour s'effondrer » en anglais.

l'État doit les sauver. Cela n'a évidemment fait qu'encourager lesdites firmes à aggraver leurs prises de risques sur les marchés boursiers, fortes de la garantie d'être secourues par les pouvoirs publics en cas de malheur. C'est du reste ce qui se passa lorsque le système financier connut l'effondrement global du krach de 2007-2008 : les États, et à travers eux l'économie réelle de toute la planète, mirent la main à la poche pour soigner les grands ivrognes tombés une fois de plus dans un coma éthylique[1].

Or, dans le même temps, les grandes firmes financières cherchent à s'approprier les activités potentiellement rentables de l'État. Elles sont notamment friandes de grands services publics arrivés à maturité, et pour cause : les infrastructures existent déjà ; la vaste population d'usagers constitue d'avance une clientèle *de facto* captive ; en outre, les capitaux à mobiliser pour se porter acquéreur sont si élevés que la privatisation aboutira nécessairement à la création d'un oligopole, qui verra ainsi une poignée de grandes sociétés s'entendre pour se partager le marché. C'est donc un investissement aussi sûr et profitable que l'achat des compagnies d'électricité et d'eau ou des gares lors d'une partie de Monopoly. Seul danger prévisible, il peut advenir que l'un des acteurs de l'oligopole se lance dans une stratégie agressive envers ses pairs : c'est par exemple le cas de l'opérateur téléphonique Free, propriété de l'oligarque Xavier Niel, vis-à-vis des autres grands acteurs du marché de la téléphonie, anciennement un service public.

---

1. Thomas Guénolé, *La Mondialisation malheureuse*, *op. cit.*, p. 129-146.

L'argument invoqué par l'Antisocial pour justifier le démantèlement de nos services publics est celui des vertus bienfaisantes de la concurrence. Privatiser un service public pour en faire un marché conduirait, par la compétition, à la baisse des prix et à la meilleure qualité possible. Cette thèse est pourtant invalidée par les résultats concrètement observables de telles politiques, qui voient par exemple le service public ferroviaire français atteindre un bien meilleur rapport qualité-prix que son équivalent privatisé britannique.

De plus, sous l'angle de la pensée économique, ce raisonnement relève en fait de l'escroquerie intellectuelle. Il convoque en effet la théorie de la concurrence pure et parfaite[1] de Léon Walras, grand économiste du XIXe siècle, selon laquelle un marché fonctionne parfaitement s'il remplit cinq grandes conditions : aucune barrière à l'entrée de nouveaux concurrents ; beaucoup d'acheteurs et de vendeurs ; des produits globalement identiques ; l'accès de tous, gratuitement, à toute l'information sur ce marché ; la mobilité des facteurs de production. Le marché ainsi organisé est censé aboutir au meilleur rapport qualité-prix possible pour les consommateurs.

Sur cette base, l'Antisocial plaide invariablement l'intérêt des consommateurs pour promouvoir la privatisation massive des monopoles d'État que sont généralement nos services publics. Or, en réalité, dans certains cas Léon Walras lui-même recommande le monopole d'État et refuse les privatisations.

1. Léon Walras, *Éléments d'économie pure*, 1874.

Il l'explique dans son analyse de l'économie du chemin de fer[1] :

> « Une seule conduite peut suffire à desservir toute une population d'eau ou de gaz aussi bien que dix conduites ; une seule route peut suffire à la même circulation de voyageurs et de marchandises que dix routes. [...] Il y a là, J. S. Mill l'a justement remarqué, une circonstance qui met les industries où elle se produit en dehors du principe de la libre concurrence, par la raison que cette libre concurrence ne pourrait s'y exercer que moyennant des frais multipliés de premier établissement tout à fait inutiles en eux-mêmes. Poser un second système de conduites d'eau ou de gaz dans une ville où il y en a déjà un qui pourrait à lui seul répondre à tous les besoins, construire un second réseau de routes dans un pays où il y en a déjà un en état de suffire à lui seul à toutes les communications, ce serait une façon absurde de poursuivre le bon marché. »

Suivant le raisonnement de Léon Walras, il existe donc des secteurs de l'économie pour lesquels l'organisation la plus efficiente est d'avoir un seul réseau d'exploitation avec un seul opérateur. Il serait absurde et contre-productif de construire en double des réseaux de circulation d'un point A à un point B : la route, le rail, la distribution d'électricité sont de bons exemples. L'économiste dit aussi que le monopole peut provenir de la détention exclusive du moyen de production : par exemple une mine, une nappe de pétrole, ou encore une source d'eau.

1. Léon Walras, *L'État et le Chemin de fer*, 1875.

Léon Walras estime en outre que le monopole privé doit toujours être évité, au motif que l'entreprise en profite pour accroître facilement ses profits grâce à des prix déraisonnablement élevés. Il juge donc que tout monopole doit être la propriété de l'État :

> « Ce n'est donc qu'exceptionnellement que l'État peut attendre de la concurrence la production des services ou produits d'intérêt public ; en général, il doit les produire lui-même, et s'il a des raisons de vouloir non seulement que ces services ou produits soient consommés, mais qu'ils le soient dans certaines conditions, il peut toujours déclarer qu'il les produira seul : en termes techniques, il peut s'en réserver le monopole. [...] Et, toutefois, à côté des monopoles d'État relatifs aux services et produits d'intérêt public qui sont fondés sur le droit et qu'on peut appeler monopoles moraux, il y a place pour des monopoles d'État relatifs à des services et produits d'intérêt privé qui seraient fondés sur l'intérêt, qu'on pourrait appeler monopoles économiques et qui, tout en n'étant pas, comme les premiers, en dehors de l'industrie, seraient au moins, comme eux, en dehors de la liberté de l'industrie. »

Bref, lorsque l'Antisocial s'appuie sur la pensée économique de Léon Walras pour plaider la transformation de services publics en oligopoles privés, il s'agit bel et bien d'une usurpation.

Pour imposer en France la grande vente à la découpe des services publics, l'instrument privilégié est la réglementation produite par l'Union européenne. Quelques exemples suffisent à l'attester.

Dès bien avant les smartphones, le service public de la téléphonie avait pour finalité d'apporter ce moyen de communication au plus grand nombre d'usagers, grâce à l'argent public affecté à cette mission d'intérêt général et moyennant des tarifs modiques. Des normes de l'Union européenne édictées au fil des années 1990 l'ont transformé en marché de la téléphonie, qui est un oligopole de grandes firmes se partageant des clients, avec pour finalité la réalisation d'un profit. Quant à la téléphonie d'État proprement dite, elle est devenue brièvement l'entreprise publique France Télécom, puis la firme Orange, société cotée en Bourse dont les grandes firmes financières sont actionnaires majoritaires pour plus des deux tiers de son capital.

Le service public de l'électricité avait pour finalité d'apporter cette énergie au plus grand nombre d'usagers, grâce à l'argent public affecté à cette mission d'intérêt général, et moyennant des tarifs modiques. Des normes édictées par l'Union européenne à la fin des années 1990 et au début des années 2000 l'ont transformé en marché de l'électricité, lui aussi devenu un oligopole qui se partage des clients, avec pour finalité la réalisation d'un profit.

Le service public du rail avait pour finalité d'apporter le transport ferroviaire au plus grand nombre d'usagers, grâce à l'argent public affecté à cette mission d'intérêt général et moyennant des tarifs modiques. Là encore, du fait de normes de l'Union européenne, il est en cours de transformation en marché du transport ferroviaire, qui va donc à son tour évoluer vers un oligopole se partageant des clients pour réaliser un profit. Cela a débuté pour le transport international de voyageurs, transformé en oligopole en 2009. Ce sera le cas des lignes de TGV à partir de

2020 : elles seront « ouvertes à la concurrence », ce qui signifie que leur exploitation sera vendue à la découpe à de grandes firmes privées. Ce sera également le cas des lignes TER et Intercités d'ici à 2023. Bref, la transformation du service public ferroviaire en marché privé, qu'un oligopole va se partager, est en marche.

À ce stade de l'analyse, il convient donc de dissiper cette grande fiction : non, l'Union européenne d'aujourd'hui n'est pas au service de l'idéal européen de fraternité des peuples. Elle est au contraire une machine à trahir cet idéal, au service de l'intérêt des grandes firmes.

Cela se démontre facilement, quatre grandes preuves à l'appui.

Primo, nous l'avons vu, les directives de l'Union européenne consacrées aux services publics visent à les transformer en marchés, ce qui conduit à y remplacer des systèmes collectifs de solidarité par des oligopoles, au profit de grandes firmes ainsi placées en situation de rente.

Secundo, les traités européens en vigueur interdisent aux pays membres de limiter la libre installation des entreprises, ainsi que la circulation des travailleurs, des entreprises, des biens et des services[1]. Or, ces mêmes traités leur interdisent aussi

1. Circulation illimitée des personnes : article 3 § 2 du traité sur l'Union européenne (traité UE); article 21 du traité sur le fonctionnement de l'Union européenne (traité FUE); titres IV et V du traité FUE; article 45 de la charte des droits fondamentaux de l'Union européenne. Circulation illimitée des marchandises : articles 34 à 36 du traité FUE. Libre installation des entreprises : articles 49 à 55 du traité FUE. Droit de vendre un service depuis n'importe quel territoire de l'Union : articles 56 à 62 du traité FUE.

d'harmoniser le niveau de leurs fiscalités et de leurs protections sociales : l'harmonisation fiscale n'est autorisée *que* si c'est pour faciliter la concurrence[1] ; l'harmonisation sociale est interdite dans tous les cas[2]. Si l'on garde à l'esprit les écarts colossaux d'un point à l'autre de l'Europe, avec par exemple un salaire minimum de 1 445 euros mensuels en France contre 174 euros en Bulgarie, ce double ensemble d'interdits organise *délibérément* à l'intérieur de l'Union européenne une gigantesque course au dumping fiscal et social *via* la possibilité, pour toute grande firme, de se domicilier là où la fiscalité est la plus basse ; d'exploiter de la main-d'œuvre là où les salaires sont les plus bas ; de faire appel à des sous-traitants là où le droit du travail, le droit social sont les plus croupions.

Tertio, ces mêmes traités interdisent à la Banque centrale européenne – la BCE – de financer la dette publique des pays membres[3]. Seules les grandes firmes financières, c'est-à-dire les grandes banques et les grandes compagnies d'assurances, en ont le droit : elles achètent pour ce faire sur le marché des reconnaissances de dette émises par ces États[4]. L'argument habituel pour justifier ce privilège est ceci : le financement de la dette publique par la « planche à billets » de la Banque centrale risque d'encourager les gouvernements à être dépensiers et laxistes ; alors que les banques privées, en appliquant des taux d'intérêt de

1. Articles 113 et 115 du traité FUE.
2. Article 153 du traité FUE.
3. Article 123 du traité FUE.
4. Cela s'appelle indifféremment des obligations d'État ou des bons du Trésor.

plus en plus punitifs, les forcent au contraire à la discipline budgétaire. En réalité, c'est faux, car rien n'empêche une banque centrale statutairement indépendante des gouvernements – c'est le cas de la BCE – d'imposer la discipline budgétaire aux États endettés, en échange du financement de leurs dettes.

Autre grand argument habituel, le financement de la dette publique par la « planche à billets » risquerait de provoquer dans l'économie européenne une dangereuse inflation.

Là encore c'est faux, y compris si l'on choisit un scénario maximaliste. D'abord, en ordre de grandeur, la dette publique totale de la zone euro[1] est de 9 600 milliards d'euros[2] et la masse totale des euros qui circulent déjà en plus de cette dette est de 11 400 milliards d'euros[3]. L'on obtient donc une masse monétaire de 21 000 milliards d'euros tout compris[4].

Par conséquent, si la BCE créait 960 milliards d'euros par an pour racheter et effacer les dettes publiques de tous les pays membres de la zone euro, la totalité de leurs dettes actuelles disparaîtrait en à peine dix ans, sans aucune politique d'austérité, et l'inflation ainsi provoquée serait au maximum d'environ 4 % seulement par an. Ensuite, il faut rappeler qu'en 2017 la BCE crée déjà 720 milliards d'euros par

1. Il s'agit de « l'Union européenne à 28 ».

2. « La dette publique en baisse à 90,1 % du PIB dans la zone euro », Eurostat, 23 janvier 2017.

3. Il s'agit de l'agrégat monétaire M3. Voir : « Monetary Developments in the Euro Area : September 2017 », Banque centrale européenne, 26 octobre 2017.

4. Cela correspond à l'agrégat monétaire M4.

an pour les verser aux banques : cela n'a pas provoqué d'inflation[1].

Puisqu'aussi bien le risque de laxisme budgétaire que celui d'une inflation excessive sont des arguments fallacieux, il ne reste qu'un intérêt à ce que les grandes firmes financières soient les seules à avoir le droit d'acheter les reconnaissances de dettes des États : leur intérêt propre.

La dette publique des pays de la zone euro est un placement très sûr, car ce sont presque tous des pays riches, qui présentent donc des garanties extrêmement fortes de remboursement. Cela vaut même pour les pays les plus pauvres de la zone euro : ils sont à un niveau de développement économique suffisant pour, si nécessaire, se mettre à vendre à la découpe leurs services publics ou leur patrimoine public afin de régler leurs dettes. Et, dans le pire des cas, la BCE, qui n'a pas le droit d'acheter directement leurs dettes aux États, a en revanche celui de les racheter aux grandes firmes financières, ce qui permet si besoin de les sauver *in extremis* de la banqueroute d'un pays membre.

Bref, il apparaît bien que l'interdiction faite à la BCE de financer directement les dettes publiques de la zone euro ne sert qu'à les réserver comme placement sûr aux grandes firmes financières.

Quarto, le traité budgétaire européen de 2012[2] fait obligation aux pays membres de basculer dans des politiques d'austérité une fois qu'ils atteignent un

1. « Politique monétaire : le grand tournant », *Alternatives économiques*, n° 374, décembre 2017, p. 18.

2. Il s'agit du traité sur la stabilité, la coordination et la gouvernance (TSCG) signé en 2012.

certain niveau de déficit public et de dette publique : cela alors même que, nous l'évoquions pour le cas de la zone euro, les banques centrales de l'Union européenne pourraient régler le problème en à peine dix ans, sans austérité, avec pour seul coût une inflation somme toute légère. De surcroît, puisque ce traité fixe le seuil déclencheur de l'austérité obligatoire à une dette publique de 60 % du PIB, en définitive il rend l'austérité obligatoire dans la quasi-totalité de l'Union européenne.

Ainsi pouvons-nous à présent comprendre dans toute sa clarté le mécanisme du cercle vicieux par lequel l'Antisocial, dans une même dynamique inexorable, sert les intérêts des grandes firmes et démantèle nos services publics.

Les vagues de déréglementation permettent aux grandes firmes financières de faire de la spéculation en Bourse jusqu'à créer, tôt ou tard, une bulle. Gueule de bois en contrepartie de l'ivresse, un krach boursier survient. Faute de séparation entre banques d'affaires et de dépôt, ce krach se propage dans l'économie réelle, en particulier *via* le tarissement des prêts à la consommation et à l'investissement. Décrétées *too big to fail*, les grandes firmes financières bénéficient d'un sauvetage sur fonds publics, tandis que l'argent public prend également en charge la hausse des dépenses sociales liée à la montée du chômage et de l'appauvrissement. Il s'ensuit l'augmentation brutale des dettes publiques des États, dont les titres sur le marché des obligations sont accaparés par les grandes firmes financières *grâce aux traités européens* interdisant à la Banque centrale européenne de les préempter. Sous la pression des grandes firmes financières, qui se retournent contre les États venant de les sauver de la faillite, lesdits États, *en application des traités européens,* se lancent dans des politiques d'austérité fiscale, en augmentant les prélèvements obligatoires des classes moyennes populaires ; d'austérité budgétaire, en réduisant la voilure des services aux habitants ; et de vente à la découpe de leurs services publics, *en application des directives européennes*. Les grandes firmes en général, financières en particulier, profitent de ces privatisations pour transformer ces services publics en oligopoles dans lesquels une poignée d'entre elles s'installent en rente de situation. Parallèlement, conformément au credo de l'Antisocial, des politiques de baisse des prélèvements obligatoires profitant aux plus riches et aux grandes firmes sont conduites dans l'espoir de sortir ainsi du krach économique. C'est autant d'argent perdu pour les comptes publics, d'où encore plus d'austérité en pilote automatique. Cet argent repart dans le système financier, ce qui réamorce le cercle vicieux. Jusqu'au prochain krach.

Subsiste néanmoins un point faible, qui porte sur la bataille des idées : à tout moment, des responsables politiques et des économistes, par exemple le collectif des Économistes Atterrés[1], peuvent gripper le mécanisme en exposant comment il est possible d'éradiquer la dette publique sans austérité.

Nous avons cité le rachat intégral de la dette par la BCE en dix ans pour ensuite l'effacer : ils peuvent aussi proposer un impôt exceptionnel sur le patri-

1. Voir notamment : Les Économistes Atterrés, *L'Europe maltraitée. Refuser le pacte budgétaire et ouvrir d'autres perspectives*, Les liens qui libèrent, 2012.

moine et le revenu des classes supérieures ; ou encore la taxation des transactions financières de type « taxe Tobin » défendue depuis vingt ans par l'ONG Attac[1].

Bref, les pistes alternatives faisables et contraires au dogme antisocial ne manquent pas et ce sont autant de grains de sable dangereux pour l'engrenage.

C'est pourquoi il est absolument vital pour l'Antisocial que très régulièrement des groupes d'experts entretiennent la foi chancelante du grand nombre en son credo *via* la publication de rapports et de livres qui, utilisant la figure du savant comme argument d'autorité, répètent en boucle les mêmes préconisations comme étant les seules raisonnables et possibles : moins de fonctionnaires, moins de services publics, davantage de privatisations.

C'est ce à quoi s'emploient diverses entités qui se présentent généralement comme des cercles de réflexion ou des « think tanks » mais qui, *stricto sensu* et si les mots ont un sens, sont des organes de propagande du projet de l'Antisocial.

Par exemple, l'iFRAP, ou « Fondation pour la recherche sur les administrations et les politiques publiques », est aujourd'hui extrêmement sollicitée dans les médias mainstream afin d'y exprimer son point de vue sur la réforme de l'État et des services publics. La posture de sa directrice, Agnès Verdier-Molinié, est alors celle de l'experte et non pas de la militante.

---

1. Attac : Association pour la taxation des transactions financières et pour l'action citoyenne. ONG altermondialiste d'envergure internationale, son acte fondateur fut un éditorial de 1997 dans *Le Monde diplomatique* intitulé « Désarmer les marchés », par Ignacio Ramonet, à l'époque directeur de la rédaction.

Pourtant, le fond de son propos relève bien, au contraire, du militantisme et non de l'expertise : elle conclut invariablement sur la nécessité et l'inévitabilité de faire baisser les prélèvements obligatoires, de diminuer le nombre des fonctionnaires, de réduire la voilure des services publics, et de faire reculer le rôle de l'État dans l'économie[1].

La meilleure preuve du fait qu'il s'agisse d'un lobby, et non pas d'un centre de recherche et d'expertise, est la suivante : financée intégralement par des fonds privés[2], dont elle ne communique d'ailleurs pas la liste des donateurs, cette fondation a été enregistrée auprès de l'Assemblée nationale en tant que « représentant d'intérêts », c'est-à-dire en tant que lobby[3]. À cela s'ajoute, quant à sa ligne politique, le fait d'avoir été fondée par Bernard Zimmern. Or, ce dernier est également le cofondateur de l'association militante antifiscale « Contribuables associés », qui est d'orientation minarchiste, c'est-à-dire pour un État réduit au *minimum minimorum*[4].

Autre exemple, l'Institut Montaigne publie très régulièrement des notes et études sur divers enjeux politiques, qui bénéficient en règle générale d'une couverture médiatique abondante. Il s'agit pourtant là encore d'un lobby, et non pas d'un centre de

1. Voir par exemple : Agnès Verdier-Molinié, *On va dans le mur*, Albin Michel, 2015.

2. « La vérité sur le financement des think tanks », *Challenges*, 17 septembre 2015.

3. Assemblée nationale : « Liste des représentants d'intérêts en vigueur avant la nouvelle règlementation adoptée par le Bureau les 27 février et 26 juin 2013 ».

4. « À la rencontre du GamerGate, le mouvement libertarien qui veut défendre "ses" jeux vidéo », *Le Monde*, 15 juillet 2015.

recherche. Cet organe a en effet été créé par Claude Bébéar, ancien dirigeant de la compagnie d'assurances AXA, et il est financé par les dons privés d'une centaine d'entreprises au premier rang desquelles des mastodontes du CAC 40 tels que Bouygues, Total ou BNP Paribas.

De fait, lorsque ses publications abordent le sort des services publics ou des protections sociales, elles tendent à plaider elles aussi, sauf rare exception, pour la privatisation des uns et pour la baisse des autres. Ainsi l'Institut Montaigne recommande-t-il entre autres la privatisation croissante de l'assurance maladie, qui aurait pour conséquence de livrer un vaste marché supplémentaire aux compagnies privées d'assurances[1] ; ou encore la baisse des allocations des chômeurs, en reprenant l'argument factuellement faux d'une « générosité » excessive n'incitant pas assez au retour à l'emploi, c'est-à-dire une fois encore le mythe du chômeur coupable de son chômage[2].

Stade supérieur de ce dispositif, sous l'égide de l'Antisocial les pouvoirs publics constituent régulièrement des comités d'experts, essentiellement des économistes, auxquels il est confié la mission d'imaginer l'agenda des grandes réformes nécessaires au pays. La malhonnêteté intellectuelle consiste ici à employer implicitement l'imaginaire du « conseil des sages » qui, désintéressé et sans parti pris, va nous révéler ce

1. « Sauver l'assurance maladie universelle », Institut Montaigne, mai 2010.

2. « Améliorer l'équité et l'efficacité de l'assurance chômage », Institut Montaigne, décembre 2013.

qui est bon pour le pays. Pourtant cet imaginaire ne tient pas, pour au moins deux raisons.

D'une part, le paysage des économistes français est profondément fracturé entre les partisans et les adversaires de l'Antisocial. Cette conflictualité a atteint un tel point de tension que, dans un récent pamphlet, les économistes Pierre Cahuc et André Zylberberg ont comparé leurs confrères opposés à l'Antisocial aux négationnistes qui contestent l'existence des chambres à gaz : cela, tout en appelant à couler le magazine de pensée économique critique *Alternatives économiques*[1],[2]. Trouver en pareil contexte un consensus des économistes sur quoi que ce soit est donc impossible. Il s'ensuit que les membres de ces comités d'experts sont nécessairement sélectionnés idéologiquement en amont afin d'être compatibles entre eux, faute de quoi aboutir à un corpus cohérent de propositions de réformes leur serait strictement impossible. CQFD : derrière l'apparente neutralité d'un conseil des sages, il y a bien un parti pris politique.

D'autre part, la prétendue neutralité du chercheur en sciences humaines est elle-même un concept sans fondement. Souvent invoquée dans la communauté des chercheurs français, cette « neutralité axiologique », traduction française par Julien Freund du concept de *Wertfreiheit* de Max Weber, serait un principe de non-engagement du savant, qui doit s'abstraire de ses propres valeurs afin de poser un

1. Pierre Cahuc et André Zylberberg, *Le Négationnisme économique. Et comment s'en débarrasser*, Flammarion, 2016.

2. Denis Clerc, « Le négationnisme économique », *Alternatives économiques*, 2 septembre 2017.

regard neutre sur son objet de recherche. Cependant, si l'on retourne à la source, en réalité Max Weber n'a jamais écrit cela : il a d'ailleurs été lui-même militant dans un parti politique alors qu'il était enseignant et chercheur, ce qui suffit en soi à prouver qu'il ne prône certainement pas la neutralité politique du savant.

En fait, le concept wébérien de *Wertfreiheit* est juste un principe de non-imposition des valeurs : le chercheur n'a pas à être neutre mais il doit simplement, par honnêteté intellectuelle, préciser dans ses recherches et dans ses enseignements ce qui relève du travail scientifique et ce qui relève du militantisme. Par conséquent, présenter les rapports de ces comités d'économistes comme des expertises neutres alors qu'ils ont un parti pris politique, c'est violer gravement l'éthique du chercheur[1],[2].

C'était hier la « commission pour la libération de la croissance française », présidée par Jacques Attali avec pour rapporteur général adjoint Emmanuel Macron, qui publia deux rapports en 2008 et en 2010. C'est aujourd'hui le « comité Action publique 2022 », un groupe d'une trentaine d'experts dont la création vient d'être annoncée par le gouvernement[3]. Sous couvert d'expertise, son parti pris politique est d'emblée on ne peut plus clair. Je cite : « Ce comité

1. Thomas Guénolé, *Les Centres en France*, thèse de doctorat en science politique (dir. : Pascal Perrineau), CEVIPOF-Institut d'études politiques de Paris, p. 256-257.

2. Max Weber et Isabelle Kalinowski, *La Science, profession et vocation*. Suivi de *Leçons wébériennes sur la science et la propagande*, Agone, 2005.

3. « Un comité de 34 membres pour lancer la "transformation" de l'administration », *La Voix du Nord*, 13 octobre 2017.

s'interrogera sur l'opportunité du maintien et le niveau de portage de chaque politique publique. Cela pourra notamment le conduire à proposer des transferts entre les différents niveaux de collectivités publiques, des transferts au secteur privé, voire des abandons de missions[1]. »

Les réformes anti-services publics s'appuient également sur un feu roulant de propagande anti-fonctionnaires.

La diabolisation des fonctionnaires se fait en particulier par un procès permanent en inutilité. Il y aurait certes des fonctionnaires directement utiles à nous tous, tels que les infirmières ou les policiers, mais le gros des troupes serait très largement composé d'une bureaucratie administrative pléthorique, parasite et envahissante.

C'est pourtant faux. D'abord, il n'existe aucune preuve concrète d'une bureaucratisation du secteur public qui serait significativement plus élevée que celle des grandes firmes du secteur privé : elles tendent au contraire à se ressembler[2]. Ensuite et surtout, les emplois dans les diverses fonctions publiques sont dans leur vaste majorité des postes qui accomplissent directement un service public aux usagers. Par exemple, 70 % des agents de la fonction publique hospitalière, qui représente à elle seule 1 fonctionnaire sur 5, sont du personnel soignant. Autre exemple, le trio de tête des professions les plus nombreuses sont

1. « Le gouvernement privatise le futur des services publics », Mediapart, 26 octobre 2017.

2. David Graeber, *Bureaucracy*, Melville International Crime, 2015.

les enseignants, les policiers, et les militaires. Quant à la fonction publique territoriale, souvent accusée d'être un immense repaire de bureaucrates inutiles, en réalité l'explosion à la hausse du nombre de ses agents provient du fait que, ces dernières années, l'État abandonne de plus en plus de ses missions aux collectivités locales. Contrairement aux idées reçues, la moitié des agents de la territoriale sont donc du personnel technique et de terrain : ce sont par exemple des ingénieurs chargés de travaux d'aménagement du territoire, ou encore des animateurs s'occupant des écoliers en dehors des heures de cours à la suite de la réforme des rythmes scolaires[1].

En d'autres termes, le mythe d'une armée de bureaucrates avec quelques catégories d'agents vraiment utiles est à l'exact opposé de la réalité : il y a en fait, au contraire, une très large majorité de fonctionnaires directement utiles à nous tous.

De ce faux procès en inutilité découle logiquement l'accusation faite aux fonctionnaires d'être beaucoup trop nombreux, fausse elle aussi. Avec environ 5,6 millions d'agents, la France est certes le pays d'Europe qui compte le plus grand nombre de fonctionnaires. Cependant, elle est aussi l'un des pays européens les plus peuplés. Et si l'on raisonne en fonctionnaires par habitant, notre pays est loin d'être au premier rang : il est notamment derrière le Danemark, la Finlande, la Pologne ou encore la Suède. Il est donc erroné de soutenir que notre pays

1. « Idées reçues sur les fonctionnaires (1/4) : "Ils ne servent à rien" », *Le Monde*, 24 novembre 2016.

serait fonctionnarisé dans des proportions anormalement fortes[1].

L'autre grand angle d'attaque anti-fonctionnaires est l'accusation de bénéficier de privilèges indus ; en particulier de la « sécurité de l'emploi ». Il est là encore faux d'y voir un privilège car, en fait, il s'agit d'un mécanisme de protection du caractère républicain de l'État français.

Le statut de fonctionnaire titulaire est en effet né en 1946, dans un contexte bien précis : en pleine reconstruction, la France d'après-guerre avait grand besoin d'une administration opérationnelle mais avait dû, pour des raisons éthiques évidentes, se séparer massivement d'agents ayant servi l'occupant allemand et la dictature d'extrême droite de Philippe Pétain. C'est pourquoi le recrutement se fait depuis lors par concours anonyme, pour éviter l'embauche d'agents sur des critères de soumission politique aux dirigeants. C'est aussi pourquoi le fonctionnaire titulaire a un statut qui le fait serviteur de l'État ; et non pas un contrat de travail le liant à un employeur, ce qui évite qu'il subisse du clientélisme politique. Quant aux motifs de licenciement, car ils existent, ils sont extrêmement précis : notamment l'insuffisance professionnelle ou trois refus successifs de nouveau poste ; cela afin d'empêcher le licenciement d'agents sur des critères d'allégeance politique.

L'on voit mal pour quelle raison le fait d'avoir des fonctionnaires protégés des pressions et du

1. « Idées reçues sur les fonctionnaires (2/4) : "Ils sont trop nombreux" », *Le Monde*, 25 novembre 2016.

clientélisme du pouvoir politique serait aujourd'hui moins indispensable qu'hier.

De surcroît, en réalité environ 1 agent sur 3 n'a pas cette « sécurité de l'emploi ». Ce sont notamment des agents contractuels, qui contrairement aux fonctionnaires statutaires peuvent voir à tout moment leur contrat de travail être rompu ou non renouvelé. Sont ainsi précarisés les postes d'enseignants-chercheurs de type ATER[1], d'aides-soignants hospitaliers, ou encore de personnel technique dans les collectivités territoriales. Entrent également dans ces effectifs non protégés les « contrats aidés », emplois particulièrement instables puisque soumis aux aléas des alternances politiques, qui ont d'ailleurs récemment vu les pouvoirs publics annoncer la suppression de 260 000 postes[2].

Aidé de ces comités d'experts au parti pris anti-services publics, et renforcé par ce climat ambiant de diabolisation des fonctionnaires, l'Antisocial peut facilement lancer des privatisations de services publics les unes après les autres.

Nous avons déjà évoqué l'aviation civile, le transport ferroviaire, la téléphonie, ou encore l'électricité. C'est aussi ce qui a été fait pour nos autoroutes : c'était un service public destiné à fournir ce mode de transport au plus grand nombre d'usagers, grâce à l'argent public affecté à cette mission d'intérêt général, et moyennant des tarifs modiques; c'est devenu

1. ATER : attaché temporaire d'enseignement et de recherche.

2. « Idées reçues sur les fonctionnaires (3/4) : "Ils ont tous la sécurité de l'emploi" », *Le Monde*, 27 novembre 2016; « Emplois aidés : la justice va-t-elle suspendre le gel décidé par le gouvernement ? », *20 Minutes*, 3 octobre 2017.

un oligopole, où de grandes firmes se partagent des clients, dans un objectif de profit. De 2005, lorsque ces 7000 kilomètres d'autoroutes ont été concédés à Vinci, Eiffage et Abertis, jusqu'en 2013, ces grandes firmes se sont partagé 1 milliard d'euros de dividendes : cela en même temps qu'année après année les tarifs pour les automobilistes, clientèle captive, s'envolaient[1],[2].

C'est donc un cas d'école de vente à la découpe d'un service public conduisant, contrairement au dogme de l'Antisocial, à une dégradation du rapport qualité-prix pour les consommateurs au seul profit des actionnaires.

Autre exemple ? L'on constate de la part des pouvoirs publics français le refus de nationaliser, ou à tout le moins de municipaliser en masse, ce qui doit pourtant de toute évidence relever d'un service public et non pas d'un marché : l'accès à l'eau potable. De fait, dans nombre de pays du monde il s'agit d'un service public, généralement exploité par des régies municipales, et cette tendance est en train de se renforcer : au cours des quinze dernières années, plus de 180 grandes villes et collectivités de 35 pays différents ont repris au secteur privé le contrôle de leurs services d'eau, à l'instar de la ville de Paris qui, lorsqu'elle a décidé de les « remunicipaliser », a pu à la fois baisser les tarifs de 8 % et réaliser 35 millions d'euros d'économies.

1. « Autoroutes. Le double scandale de la privatisation », *L'Humanité*, 13 août 2013.

2. Cour des comptes, *Les Relations entre l'État et les sociétés concessionnaires d'autoroutes*, 2013.

À contre-courant, en France la distribution d'eau potable demeure pourtant largement un oligopole, qui permet aux grandes firmes Veolia, Lyonnaise des Eaux et Saur de se partager à elles seules plus des deux tiers du marché. Il s'agit bien là d'un parti pris idéologique puisque, comparativement, la remunicipalisation de la gestion de l'eau permet des tarifs moindres et un meilleur rapport qualité-prix là où les prestataires privés posent le plus souvent des problèmes de sous-performance, de sous-investissement et de flambée des factures d'eau. À cela une raison simple : un service public n'ayant pas besoin de rémunérer des actionnaires, il peut consacrer les ressources financières équivalentes à investir dans l'amélioration du service lui-même. C'est pourquoi à budget égal et compétences des agents égales, le service public a un meilleur rapport qualité-prix que le secteur privé[1],[2],[3].

Une stratégie de privatisation graduelle du service public postal est manifestement à l'œuvre. Ces dix dernières années, il s'est en effet engagé sur la même pente que la SNCF avant lui. Comme elle, il a fait l'objet de directives européennes pour le pousser dans cette direction[4]. Comme elle, il a été transformé

---

1. France Libertés, *VEOLIA ou l'écol'EAUpportunisme d'une multinationale française de l'eau*, 2011, p. 9-10.

2. Public Services International Research Unit (PSIRU), Transnational Institute (TNI) & Multinational Observatory, *Here to Stay : Water Remunicipalisation As a Global Trend*, 2014.

3. « Gestion de l'eau : le secteur public gagne du terrain », *Les Échos*, 27 novembre 2014; « Le business de l'eau sous pression », *Le Monde*, 19 novembre 2012.

4. Il s'agit des directives postales européennes de 1997, 2002 et 2008.

statutairement en entreprise publique et découpé en plusieurs entités : ses services financiers sont ainsi devenus la Banque postale. Comme elle, il a vu des pans entiers de son activité être transformés en marché, qui là encore a viré à l'oligopole.

Comme elle, il ferme le maximum d'implantations non rentables, il s'abstient de plus en plus de compenser les départs à la retraite par des embauches, il augmente en flèche les cadences des agents restants, et il pousse aussi loin que possible l'automatisation de ses activités. Entre 2014 et 2017, le nombre de bureaux de poste à Paris a ainsi baissé de 13 % et d'ici à 2020, si la direction atteint son objectif, elle aura supprimé au total 1 bureau sur 3. C'est d'ailleurs pourquoi, tout soudain, de plus en plus d'usagers sont invités par La Poste à récupérer leur courrier et leurs colis non plus dans des bureaux de poste – d'ailleurs rebaptisés « agences » –, mais plutôt semés dans des commerces de leur quartier. La situation est pire encore dans les territoires ruraux, où la fermeture de la poste signe généralement l'arrêt de mort socio-économique du lieu. Corollairement, puisque la pression sur les cadences entraîne mécaniquement davantage d'erreurs – retards de livraison, erreurs de tri ou encore erreurs de caisse –, La Poste se sert de ces motifs afin de licencier des agents pour faute, car les licenciements économiques de fonctionnaires lui sont interdits[1].

---

1. « Fermeture des bureaux de poste : ces commerces qui prennent le “relais” », *Le Parisien*, 15 mars 2017; Sylvie Bayle, « Voilà comment les Franprix remplacent les bureaux de poste », *StreetPress*, 13 juin 2017.

Puisque prises dans leur ensemble ces mesures ont pour finalité systématique d'atteindre des objectifs de rentabilité, et puisque de tels objectifs sont la marque d'une logique de secteur privé et non pas de service public, le but ultime de cette évolution est clair : il s'agit de transformer complètement le service public postal en marché des services postaux, dans lequel La Poste deviendrait, comme Orange avant elle pour la téléphonie, une grande firme parmi une poignée d'autres.

Outre la prédation des services publics, l'Antisocial s'en prend aux fonctionnaires eux-mêmes en dégradant leurs conditions de travail, de rémunération, et la qualité du service qu'ils sont en mesure de fournir aux usagers.

C'est d'abord une politique de baisse de leurs salaires réels. Ils sont calculés en fonction d'une valeur de base appelée « point d'indice ». Il suffit donc aux pouvoirs publics d'augmenter cette valeur pour que les salaires montent. En théorie ils le font régulièrement, au moins pour que l'augmentation des salaires corresponde à celle des prix à la consommation, ce qui ne fait donc que maintenir stable leur salaire réel. Or, de 2010 à 2016 ce point n'a pas été touché alors que le niveau des prix, lui, augmentait. Autrement dit, en l'espace de six années le salaire réel des fonctionnaires a *baissé*. Quant aux augmentations après 2016, elles ont existé mais sans rattraper, tant s'en faut, le pouvoir d'achat ainsi perdu[1].

1. « À quoi correspond le point d'indice des fonctionnaires ? », *Le Monde*, 17 mars 2016 ; « Hausse du point d'indice des fonctionnaires : une avancée ou un symbole ? », *L'Express*, 18 mars 2016 ;

Ce sont aussi des mesures d'augmentation du pouvoir d'achat qui laissent délibérément les fonctionnaires de côté. Le gouvernement actuel a notamment annoncé à la fois une augmentation de la CSG et une baisse des cotisations sociales des salariés. Or, par définition, il n'y a pas de cotisations sociales sur les salaires des fonctionnaires. Contrairement aux salariés du privé, ils ne verront donc pas leur salaire net augmenter tandis que la hausse de la CSG, elle, les impactera bel et bien. Mesure aggravante, le même gouvernement a décidé de geler de nouveau le point d'indice[1].

Ce sont encore des baisses d'effectifs accumulées ces dernières années. La politique du non-remplacement d'un fonctionnaire sur deux partant à la retraite a par exemple conduit à supprimer l'équivalent de 144 000 postes dans la fonction publique d'État : notamment 40 000 dans la défense, 80 000 dans l'Éducation nationale et 13 000 dans la police[2].

Ce sont évidemment des fermetures de services. Leur accélération est particulièrement forte et brutale dans les territoires ruraux, qu'il s'agisse notamment des écoles ou, nous l'évoquions, des bureaux de poste. Le même mouvement de démantèlement touche les trésoreries municipales, où d'aucuns se

---

« Rémunération des fonctionnaires : + 0,6 % sur le point d'indice à partir du 1er février 2017 », Direction de l'information légale et administrative (Premier ministre); « Le rythme de l'inflation a accéléré en août en France », Europe 1, 31 août 2017.

1. « CSG : pas de coup de pouce pour les fonctionnaires », *Libération*, 7 septembre 2017.

2. « Baisser les effectifs de fonctionnaires, plus facile à dire qu'à faire », *La Voix du Nord*, 7 avril 2017.

rendent entre autres pour payer certaines catégories de loyer ou la cantine des enfants. Ces fermetures se multiplient dans les territoires ruraux ou urbains pauvres, par exemple en Seine-Saint-Denis, avec pour tendance lourde de ne laisser survivre que des grands centres des finances publiques en nombre moitié moindre[1]. La Courneuve, Aubervilliers, Bagnolet, Stains sont notamment frappés[2]. Les habitants de ces territoires voient ainsi leur accès aux services publics se dégrader, service après service, tandis que les habitants de centre-ville prospères, eux, gardent leur accès rapide et facile à ces services censés être destinés à tous.

Caractéristique profonde de l'Antisocial, nous retrouvons là la dynamique systématique d'aggravation des inégalités, cette fois territoriales.

L'Antisocial complète ces mesures par une stratégie indirecte d'asphyxie de services publics. Ce mécanisme a fonctionné en trois étapes. D'abord, l'État a transféré aux collectivités locales de nombreuses compétences sous prétexte de décentralisation. Il a accompagné ces transferts du versement d'une enveloppe destinée à financer ce surcroît d'activités : la dotation globale de fonctionnement. Ensuite, il a accusé ces mêmes collectivités de gabegie et de laxisme budgétaire du fait de l'explosion à la hausse, pourtant mécaniquement prévisible, des effectifs de la fonction publique territoriale. Enfin, il a commencé à

---

1. « Les fermetures de services publics s'accélèrent dans les zones rurales », *La Croix*, 11 août 2015.

2. « Fermeture de trésoreries municipales : les maires de La Courneuve et d'Aubervilliers vent debout », *Le Parisien*, 6 août 2017.

invoquer leur prétendu manque de discipline budgétaire pour geler puis baisser le montant de la dotation globale de fonctionnement, ce qui conduit les collectivités territoriales à réduire la voilure des services publics qu'elles assurent et à affronter sur le terrain les mécontentements qui en résultent.

D'un territoire à l'autre les inégalités d'impact sont criantes : la dotation ne pèse que 16 % des recettes de la ville de Lyon, commune prospère et forte de son demi-million d'habitants ; elle pèse en revanche 39 % des recettes d'une ville de taille moyenne comme Alençon. Une fois ce contexte connu, la fronde de nombreuses mairies et régions contre le gouvernement devient compréhensible : car l'État organise l'étranglement financier de leurs services publics locaux[1].

Projet de destruction et de défiguration de nos services publics, l'Antisocial ne s'arrêtera pas. Nous devons donc l'arrêter.

---

1. « Baisse des dotations : pourquoi les maires manifestent », *Le Monde*, 18 septembre 2015 ; « Les collectivités locales sont-elles "à l'os" ? », *Alternatives économiques*, 19 octobre 2017.

8

Anti-taxes

« Ils mangeront tout,
Ils mangeront tout,
Ils mangeront tout
Et ne laisseront rien. »

Zeca Afonso, « Os Vampiros », 1962.

Été 1953. À Saint-Céré, bourg de quelque 3 000 âmes dans le Lot, une vingtaine de petits commerçants refusent de se laisser inspecter par les « brigades polyvalentes », ces toutes nouvelles escouades du fisc chargées d'aller vérifier sur le terrain la comptabilité des entreprises. Ils les empêchent physiquement d'accéder à l'ensemble des magasins saint-céréens, de sorte que les fonctionnaires doivent se résoudre à fuir sans avoir pu réaliser leurs contrôles.

Les mêmes descentes du fisc ont alors lieu un peu partout en France. Les affrontements de Saint-Céré trouvent donc dans tout le pays un écho immense. En quelques semaines, la majorité des départements français sont touchés par des incidents similaires et l'envoi des « Compagnies républicaines de sécurité »

– les CRS, créés moins de dix ans plus tôt – n'y change rien. Au contraire, la rébellion antifiscale continue de faire tache d'huile et prend les proportions d'un mouvement politique de masse. À sa tête se porte un jeune libraire qui était déjà le chef de file des commerçants saint-céréens : Robert Poujade. Il donnera son nom au mouvement : le poujadisme.

Très vite, cependant, le poujadisme prend une teneur politique d'extrême droite. De meeting en meeting, Robert Poujade en reprend les fondamentaux. Il condamne sans appel le régime de la démocratie parlementaire. Il parle du pillage de la « maison France » par les « éminences » et les « apatrides » au détriment des « petits » et des « bonnes gens ». Il dénonce les juifs comme n'étant pas de vrais Français, au travers de l'homme politique Pierre Mendès France qui pour lui « n'a de français que le mot ajouté à son nom ». Fondée en 1954, l'Union de défense des commerçants et artisans obtient aux élections législatives de 1956 près de 2,5 millions de voix et une cinquantaine de sièges de députés. Entre autres conséquences, le parti poujadiste allait permettre à son plus jeune élu, Jean-Marie Le Pen, de faire ses premières armes d'homme politique, avant de devenir lui-même un jour le chef de l'extrême droite française. Héritage de Robert Poujade, il militera sans relâche pour l'abolition de l'impôt sur le revenu[1],[2].

---

1. « La mort de Pierre Poujade, précurseur d'un nouveau populisme », *Le Monde*, 28 août 2003.

2. Philippe Parroy, « 1953 : Poujade, le rebelle contre le fisc », *La Nouvelle Revue d'histoire*, n° 75, p. 60-62.

Si la rhétorique antifiscale a donc longtemps été essentiellement cantonnée à l'extrême droite, elle est aujourd'hui au contraire très largement acceptée dans le débat public audiovisuel.

La propagande antifiscale est pourtant bel et bien bâtie sur des mensonges.

Paie-t-on trop d'impôts en France ? L'instrument à utiliser pour répondre est le taux des prélèvements obligatoires. Il mesure le pourcentage de la richesse créée par le pays en une année, et qui part en recettes fiscales. Ces recettes incluent tous les prélèvements obligatoires, sans exception : aussi bien les impôts que les cotisations sociales. On voit alors que, comparée à d'autres pays similaires en prospérité et en peuplement, la France a bien une pression fiscale plus élevée. Avec 45,2 % de la richesse produite par tout le pays en un an, cette pression est similaire à celle de l'Italie (44 %), mais plus haute que celle de l'Allemagne (36,4 %) ou du Royaume-Uni (32,5 %)[1].

Cependant, en réalité toute une partie de ces recettes fiscales n'est pas dépensée par l'État : c'est de l'argent qui repart directement dans les poches des habitants sous forme d'aides sociales de toutes sortes. Ainsi, contrairement aux fonds que les pouvoirs publics dépensent pour financer des administrations, payer des fonctionnaires ou encore entretenir écoles et hôpitaux, cet argent-là ne fait que *transiter* par les caisses publiques pour retourner à la population. En toute rigueur, il faut donc le soustraire du calcul pour pouvoir véritablement comparer la pression fiscale entre les pays. Or, le niveau d'aides sociales versées

1. OCDE, Recettes fiscales (% du PIB), données de 2013.

aux habitants est significativement plus élevé en France que chez ses voisins comparables : 19,2 % de la richesse produite par le pays en un an, contre seulement 10,7 % au Royaume-Uni[1]. Une fois la soustraction faite pour ne prendre en compte que l'argent réellement capté par les pouvoirs publics afin de financer leurs dépenses, la France, l'Italie, l'Allemagne et le Royaume-Uni arrivent tous les quatre autour de 22-26 % de la richesse annuelle produite par le pays.

Il est donc faux de prétendre que l'État français serait un goinfre fiscal : une fois ôté du calcul l'argent dont il ne se sert pas lui-même et qu'il ne fait que redistribuer, la pression fiscale qu'il applique à l'économie n'a rien d'anormal.

La fiscalité française est-elle confiscatoire ? Est-elle anti-riches ? Si l'on compare nos principaux prélèvements obligatoires à ceux de puissances économiques similaires, là encore la réponse est non.

L'impôt français sur le revenu des ménages capte 8,6 % de la richesse produite par le pays en une année. Alors que la France nous est sans cesse dépeinte comme un ogre fiscal par rapport aux États plus raisonnables que seraient le Royaume-Uni et l'Allemagne, la captation est légèrement plus lourde qu'en France dans ces deux pays : 9 % outre-Manche ; presque 10 % outre-Rhin[2].

1. OCDE, Dépenses sociales en espèces (% du PIB), données de 2013.

2. OCDE, Impôt sur le revenu des personnes physiques (% du PIB), données de 2015.

Même verdict pour l'impôt sur les sociétés. Captant 2,11 % de la richesse annuelle produite par le pays, il est en fait un peu plus léger en France qu'au Royaume-Uni (2,45 %). Ce constat est à contre-pied des idées reçues ambiantes, qui opposent en permanence une fiscalité française forcément prédatrice à une fiscalité britannique forcément plus douce. La captation est par ailleurs largement plus élevée au Japon (4,26 %), pays que personne ne songerait pourtant à qualifier d'économie socialiste[1].

Même verdict pour l'imposition du patrimoine. Elle est incessamment vouée aux gémonies dans notre débat public : par exemple en accusant l'impôt de solidarité sur la fortune d'être, selon l'éditorialiste François Lenglet sur RTL[2], un « impôt stupide » qui provoque « l'exil » des « grandes fortunes ». En réalité, la fiscalité française du patrimoine capte 4,065 % de la richesse annuelle produite par le pays : c'est-à-dire exactement le même niveau qu'au Royaume-Uni de Margaret Thatcher et de Tony Blair, peu suspects d'avoir pratiqué une politique fiscale anti-riches[3].

Même verdict pour l'imposition sur les biens et services, notamment la TVA[4]. Elle prélève en France 11,1 % de la richesse produite par le pays en une année. Ce niveau est en réalité similaire à celui de

---

1. OCDE, Impôt sur les bénéfices des sociétés (% du PIB), données de 2015.

2. « ISF : "Un impôt stupide, un symbole politique", estime François Lenglet », RTL, rubrique « Lenglet-Co » du 21 avril 2016.

3. OCDE, Impôt sur les bénéfices des sociétés (% du PIB), données de 2015.

4. TVA : taxe sur la valeur ajoutée. La France fut le premier pays au monde à l'instaurer.

l'Allemagne (10,06 %), du Royaume-Uni (10,7 %), ou encore de l'Italie (11,7 %)[1].

Somme toute, les cotisations sociales sont la seule catégorie de grands prélèvements obligatoires dans laquelle la France se situe significativement plus haut que les économies de prospérité et de taille similaires. Elles prélèvent en effet presque 17 % de la richesse annuelle produite par le pays, contre 14 % en Allemagne, 13 % en Italie, et même 6 % au Royaume-Uni[2].

La raison en est simple : c'est grâce à cela que notre pays peut pratiquer une redistribution des richesses significativement plus forte que les puissances économiques qui lui sont comparables. Pour autant, avec seulement 3 points d'écart entre la France et l'Allemagne, objectivement il n'y a pas matière à considérer que le niveau français de cotisations sociales serait anormal ou sidérant. C'est plutôt le Royaume-Uni qui est anormalement bas par rapport aux économies qui lui sont comparables. Ce n'est d'ailleurs pas sans conséquences politiques : la victoire du Brexit en 2016 portée par l'électorat populaire et une gauche altersystème qui a frôlé la victoire aux élections législatives de 2017 doivent beaucoup au manque de redistribution sociale outre-Manche.

L'idée selon laquelle à cause de prélèvements obligatoires trop élevés en France les entreprises n'ont

1. OCDE, Impôt sur les biens et services (% du PIB), données de 2015.

2. OCDE, Cotisations de sécurité sociale (% du PIB), données de 2015.

plus d'argent pour faire des investissements ne résiste pas non plus à l'examen.

De fait, le vrai problème est aujourd'hui le prélèvement excessif de dividendes par les actionnaires des grandes firmes françaises. En 2016, selon la firme financière Henderson Global Investors[1], ils ont ainsi capté plus de 50 milliards d'euros de dividendes, soit une augmentation de presque 12 % par rapport à ce qu'ils avaient déjà prélevé l'année précédente. Avec respectivement 5,5 milliards, 5,9 milliards et 6,6 milliards d'euros ponctionnés, la firme médiatique Vivendi, la firme pétrolière Total et la firme pharmaceutique Sanofi sont les cas les plus édifiants, suivis de près par les firmes financières BNP Paribas et Société générale.

Or, par définition, augmenter ces prélèvements déjà gigantesques représente autant d'argent perdu pour les dépenses d'investissement. C'est particulièrement vrai des grandes firmes bancaires françaises : en même temps qu'elles distribuent davantage de dividendes à leurs actionnaires, elles refusent environ un tiers des demandes de crédit de trésorerie adressées par les très petites entreprises[2]. Il est par ailleurs dangereux pour la santé économique d'une firme que les actionnaires augmentent leurs dividendes alors que la valeur de l'action, elle, a baissé : c'est pourtant ce qui s'est produit en 2016, par exemple, pour la firme Total[3].

1. Aujourd'hui Janus Henderson Investors, depuis sa fusion avec Janus Capital Group.

2. Banque de France, Accès des entreprises au crédit (données des quatre trimestres de 2016).

3. « Les dividendes à un niveau record, l'investissement et les salaires au point mort », *Libération*, 21 février 2017.

Cette dynamique de pillage des ressources des grandes entreprises françaises par leurs propres actionnaires prend des proportions graves et périlleuses. Selon la lettre de *Vernimmen*, publication mensuelle financière qui fait autorité, le montant des dividendes versés en France a plus que doublé de 2003 à 2007 : il a été multiplié par 2,6. Il a ensuite chuté de 2007 à 2009 : mais uniquement du fait du grand krach financier des *subprimes*, et non pas par choix collectif des actionnaires de redevenir raisonnables. Puis il a repris son ascension fulgurante, jusqu'à retrouver en 2014 ce zénith de 2007[1].

Cette explosion à la hausse ne se justifie pas par une croissance économique mondiale aussi herculéenne : de 2003 à 2014, hormis l'écroulement du krach des *subprimes*, cette croissance a oscillé entre + 2 et + 4,5 %. Elle ne se justifie pas non plus par une croissance française aussi colossale : sur la même période et en dehors du même krach, cette dernière a oscillé entre + 0,2 et + 2,8 %[2]. Et elle ne se justifie pas davantage par la rémunération d'une grande prise de risque, puisque l'économie française est l'une des plus riches et des plus stables au monde.

Or, toujours de 2003 à 2014, alors que les dividendes versés en France connaissaient cette titanesque hausse, le salaire moyen n'a augmenté que de 1 % par an[3]; la part de richesse du pays prélevée par

1. *Vernimmen*, « Dividendes versés en France (milliards d'euros), données annuelles 2003-2014. »

2. Banque mondiale, Croissance du PIB (%), données annuelles 2003-2014.

3. Moyenne calculée à partir de : OCDE, Salaires moyens, données annuelles 2003-2014.

les cotisations sociales n'a augmenté que de 0,6 % par an[1] ; et la part prélevée par la totalité de la fiscalité française n'a augmenté que de 0,7 % par an[2].

C'est donc bel et bien l'accroissement immense des dividendes captés par l'actionnariat, sans justification par un surcroît équivalent de prospérité économique, qui empêche les entreprises d'investir beaucoup plus ; et non pas les niveaux des salaires, des cotisations sociales ou des impôts, puisqu'ils stagnent.

L'affirmation selon laquelle les riches feraient sortir leur argent de France, voire s'exileraient physiquement, parce que l'on paie trop d'impôts dans notre pays est fausse elle aussi : c'est ce que démontre l'affaire SwissLeaks.

Ce scandale a éclaté début 2015 lorsque, à l'initiative du *Monde*, l'ICIJ[3] a fait enquêter 154 journalistes d'une cinquantaine de pays et d'une soixantaine de médias différents sur des révélations concernant la firme financière HSBC. Ce travail a permis de conclure que, entre fin 2006 et fin 2007, HSBC a fait transiter dans des trous noirs fiscaux[4] plus de 200 milliards de dollars sur les comptes de 100 000 clients et de 20 000 sociétés offshore,

---

1. Moyenne calculée à partir de : OCDE, Cotisations de sécurité sociale (% du PIB), données annuelles 2003-2014.

2. Moyenne calculée à partir de : OCDE, Recettes fiscales (% du PIB), données annuelles 2003-2014.

3. ICIJ : Consortium international des journalistes d'investigation (de l'anglais *International Consortium of Investigative Journalists*).

4. L'expression « paradis fiscal » est inappropriée, car ces pays et micro-États volent les ressources fiscales d'autres États. Le présent ouvrage utilise donc l'expression « trou noir fiscal », qui évoque l'idée d'une aspiration destructrice.

concernant 188 pays[1]. Preuve parmi d'autres de l'objectif de désertion fiscale, seuls 0,2 % des comptes des clients français avaient été déclarés par ces derniers à l'administration fiscale[2].

Or, parmi les principaux pays-sources de cet immense système de désertion fiscale, l'on trouve aussi bien des États comme la France et l'Italie, où la pression fiscale dépasse 40 % de la richesse annuelle produite par le pays, que d'autres comme les États-Unis d'Amérique et la Suisse, où elle est proche de seulement 25 %[3]. Ce n'est donc pas le niveau de la pression fiscale qui est décisif dans le choix de devenir un déserteur fiscal. Ce qui est déterminant, c'est tout simplement le choix que fait chaque personne fortunée d'accepter son devoir de contribuer, *via* l'impôt, à la bonne marche du pays qui lui a permis de créer ou de garder sa fortune ; ou au contraire de devenir un déserteur fiscal par calcul strictement individualiste. Agir de la sorte fait de ces déserteurs fiscaux ce que la science économique appelle des « passagers clandestins » : c'est-à-dire des acteurs économiques qui profitent d'avantages sans payer les contreparties prévues.

De surcroît, comme me le rappelait récemment l'économiste Thomas Porcher, le nombre de personnes quittant effectivement la France pour fuir l'impôt sur la fortune est évalué par la Direction générale des Finances publiques à environ 500 cas

1. « SwissLeaks : révélations sur un système international de fraude fiscale », *Le Monde*, 8 février 2015.

2. « SwissLeaks : nous publions les noms des personnalités dont la fraude est manifeste », *Le Monde*, 9 février 2015.

3. ICIJ (2016), *SwissLeaks Top Countries by Money*, 2015 ; OCDE, Recettes fiscales (% du PIB), données de 2015.

par an : c'est-à-dire 0,2 % des contribuables qui le paient, pour une perte annuelle de recettes fiscales de 170 millions d'euros.

Si l'on garde à l'esprit que la réforme de l'ISF adoptée en 2017, avec pour but affiché de récupérer ces 170 millions, va faire perdre 4 milliards de recettes fiscales à la France, le caractère mensonger de l'objectif officiel saute aux yeux. De fait, souvent l'argumentation de l'Antisocial nous prend pour des imbéciles.

Quant au cliché de l'exode massif des Français vers le Royaume-Uni, il est invalidé par ce constat : avec 84 500 membres, la communauté britannique en France est presque aussi importante que la communauté française au Royaume-Uni, qui est de 96 300 personnes. Plus largement, le cliché de la fuite des talents français à l'étranger pour cause de fiscalité trop lourde ne résiste pas à un examen rigoureux car, en vérité, moins de 5 % de la population française hautement qualifiée se sont expatriés : c'est moins que l'Allemagne, qui dépasse les 7 %, et c'est largement moins que le Royaume-Uni, à 15 % : deux pays que la propagande ambiante a pourtant régulièrement présentés comme des eldorados ces dernières années[1].

Plus simplement, pour démontrer que la France n'est pas un territoire fiscalement anti-riches, il suffit de constater qu'il existe en 2016 pas moins de 71 milliardaires français. Certes, nombre d'entre eux pratiquent sous une forme ou sous une autre la désertion fiscale : néanmoins, le simple fait qu'ils puissent

1. « Comptabilisation des immigrés et des expatriés dans les pays de l'OCDE : une nouvelle perspective », dans *Tendances des migrations internationales 2004*, Éditions OCDE, 2005, p. 130-131.

régulièrement prélever des profits substantiels sur l'économie du pays prouve que la fiscalité hexagonale n'empêche pas les grandes fortunes de naître ou de prospérer.

Bernard Arnault et sa famille, propriétaires de la firme de luxe LVMH, peuvent détenir une fortune de 47 milliards d'euros. La famille Meyers, propriétaire de la firme de cosmétiques L'Oréal, peut détenir une fortune de 36 milliards d'euros. Axel Dumas et plus largement la famille Hermès, propriétaires de la firme de luxe Hermès International, peuvent détenir une fortune de 31 milliards d'euros. Gérard Mulliez et sa famille, propriétaires de la firme de distribution Auchan, peuvent détenir une fortune de 30 milliards d'euros. Serge Dassault et sa famille, propriétaires de la firme industrielle Marcel Dassault ainsi que du *Figaro*, peuvent détenir une fortune de 22 milliards d'euros. Les frères Wertheimer et leur famille, propriétaires de la firme de luxe Chanel, peuvent détenir une fortune de 21 milliards d'euros. François Pinault et sa famille, propriétaires de la firme de distribution et de luxe Kering ainsi que du magazine *Le Point*, peuvent détenir une fortune de 19 milliards d'euros. Patrick Drahi, propriétaire de la firme audiovisuelle Altice Group et donc de BFMTV, RMC ou encore *L'Express*, peut détenir une fortune de 15 milliards d'euros. Et ainsi de suite[1].

Contrairement à la propagande sur une France fiscalement anti-riches, le magazine *Challenges* constate d'ailleurs en 2017 l'exact contraire. Qu'on en juge :

1. Source : classement 2017 des 500 plus grandes fortunes de France par le magazine *Challenges*.

« La fortune du top 10 a globalement progressé de 35 % en un an. Et depuis 1996, le patrimoine des dix premiers a été multiplié par 12. Celui de Serge Dassault a même été multiplié par 20, celui de Bernard Arnault et de la famille Hermès par 17. Sur la même période, le PIB de la France a, lui, simplement doublé. Les actifs des 500 fortunes ont par ailleurs progressé, en valeur, 3,5 fois plus vite que le PIB français depuis 1996[1]. »

Plus simplement encore, l'idée d'un enfer fiscal français si épouvantable qu'il dissuade les détenteurs de capitaux d'y investir est contredite par ce constat : en 2017, la France est classée septième destination mondiale la plus attractive pour les investissements directs étrangers ce qui invalide l'accusation[2].

En d'autres termes, il n'existe aucun argument rationnel et fondé sur des preuves pour conclure que la France serait un enfer fiscal. Elle a simplement imaginé son propre dosage des différents prélèvements obligatoires possibles, de sorte que, parmi les pays qui lui sont comparables en prospérité et en peuplement, certains prélèvements sont au-dessus de la moyenne, d'autres en dessous, et d'autres encore dans le gros du peloton.

Sauf à être un militant antifiscal comme jadis le fut Robert Poujade, il n'y a donc objectivement pas matière à infliger à la fiscalité française un procès en hérésie.

---

1. « Le top 10 des fortunes de France en 2017 », *Challenges*, 27 juin 2017.

2. « Classement : la France 7e des pays les plus attractifs pour un investisseur étranger », *Forbes*, 26 mai 2017.

Le système fiscal français pose néanmoins un problème d'injustice grave et bien réel : mais contrairement aux idées reçues, cette injustice est faite aux classes moyennes et aux classes populaires, et non pas aux 10 % les plus riches.

Un prélèvement obligatoire peut être régressif, proportionnel, ou progressif, envers la ressource qu'il taxe.

S'il est régressif, cela signifie que plus la cible est pauvre, plus le pourcentage prélevé augmente. C'est alors de toute évidence un prélèvement extrêmement injuste : le contraire même de l'idée de justice. Or, ce type de prélèvement existe : c'est la TVA.

Cela se démontre facilement. À un extrême, une personne immensément pauvre dépense la totalité de ses ressources en consommation. La part de son revenu prélevée par la TVA va donc être forte. À l'autre extrême, même avec un train de vie luxueux, une personne immensément riche ne dépense qu'une fraction infime de sa fortune en consommation. La part de son revenu prélevée par la TVA va donc être extrêmement faible.

Si le prélèvement obligatoire est proportionnel, il est moins injuste qu'un impôt régressif mais il est injuste tout de même. En effet, entre par exemple un smicard à temps plein, dont le salaire mensuel est de 1 150 euros net, et un cadre dirigeant dont le salaire mensuel dépasse les 5 000 euros net par mois, il est évident que le même prélèvement proportionnel de 20 % ne représentera pas le même sacrifice. Dans un cas, c'est directement le niveau de vie qui est amputé. Dans l'autre, c'est seulement le montant utilisable pour épargner qui est réduit. Un bon exemple de prélèvement proportionnel est la CSG[1], prélevée sur tous les revenus et dont le taux tourne en 2017 autour de 6-8 %, quel que soit le revenu considéré. La CSG est donc un prélèvement obligatoire moins injuste que la TVA, mais injuste tout de même.

Si le prélèvement obligatoire est progressif, cela signifie que, plus la cible est riche, plus le pourcentage prélevé augmente. C'est la définition même d'un prélèvement équitable car contrairement au proportionnel, il permet de s'approcher de l'égalité de sacrifice financier entre les contribuables. C'est sur cette logique que repose l'impôt sur le revenu, qui est progressif par tranches.

Le système fiscal français mélange des prélèvements obligatoires régressifs, proportionnels et progressifs. Cependant, examiné dans sa totalité, il se trouve qu'il est globalement *régressif*, c'est-à-dire extrêmement injuste.

La moitié la plus pauvre de la population française, qui gagne entre 1 000 et 2 200 euros brut par mois, voit partir en moyenne 45 % de son revenu en prélèvements obligatoires. Les 40 % suivants de la population, qui gagnent entre 2 300 et 5 100 euros brut par mois, sont à peine plus haut : 48-50 % de leur revenu partent en prélèvements obligatoires. En revanche, le taux total prélevé *baisse* pour les plus riches, qui gagnent plus de 6 900 euros brut par mois, jusqu'à ne plus prélever que 35 % pour les 0,1 % les plus aisés du pays.

1. CSG : contribution sociale généralisée. En 2017, son taux tourne autour de 6-8 % sur les diverses sortes de revenus (salaires, pensions de retraite, revenus de l'épargne...).

En d'autres termes, classes populaires et classes moyennes, c'est-à-dire 90 % de la population, sont ensemble dans une grande égalité fiscale des non-privilégiés autour de 45-50 % de prélèvements obligatoires sur leur revenu ; et au-delà, la règle inique du « plus tu es riche plus le pourcentage baisse » s'applique parmi les 10 % les plus riches de France[1].

Le système fiscal français est en réalité pro-riches :

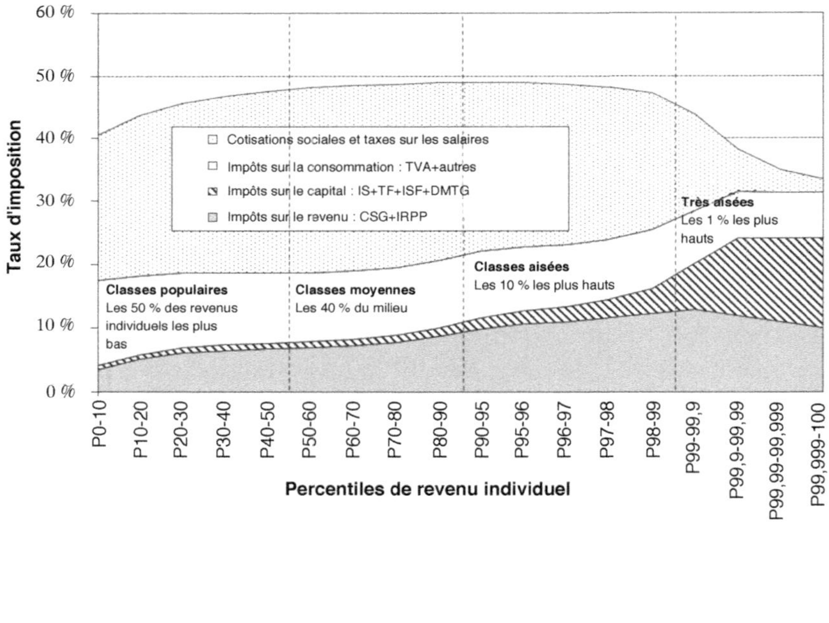

1. Camille Landais, Thomas Piketty et Emmanuel Saez, *Pour une révolution fiscale*, Seuil, 2011, p. 48-49.

Lecture :

Groupes de revenus : P0-10 désigne les 10 % des personnes avec les revenus les plus faibles, P10-20 les 10 % suivants, et ainsi de suite; P99,999-100 désigne les 0,001 % les plus riches.

Le graphique montre le taux global d'imposition (incluant donc tous les prélèvements) et sa décomposition par groupes de revenus au sein de la population âgée de 18-65 ans qui travaille à au moins 80 % du plein temps.

Le graphique décompose les impôts en quatre grandes catégories : cotisations sociales (et autres taxes sur les salaires), les impôts sur la consommation (TVA et autres impôts indirects), les impôts sur le capital (impôt sur les bénéfices des sociétés (IS), taxe foncière (TF), impôt sur la fortune (ISF) et droits de succession (DMTG)), et les impôts sur le revenu (CSG et IRPP).

Source : Camille Landais, Thomas Piketty et Emmanuel Saez, *Pour une révolution fiscale*, *op. cit.*, p. 51.

À cela s'ajoute le problème des riches se livrant à la fraude fiscale. L'ampleur du phénomène est par définition difficile à évaluer. Le syndicat Solidaires Finances Publiques, fort de l'expertise de ses adhérents puisqu'ils travaillent à la Direction générale des Finances publiques, a cependant calculé en 2013 une estimation qui fait depuis lors autorité : la fraude fiscale représenterait en France 60 à 80 milliards d'euros chaque année, c'est-à-dire plus que la totalité du budget annuel de l'État pour la sécurité et la défense[1],[2],[3].

La propagande anti-taxes ambiante sert, en pratique, à justifier l'évolution du système fiscal vers de

1. Syndicat national Solidaires Finances Publiques, *Évasions et fraudes fiscales, contrôle fiscal*, rapport de janvier 2013.

2. « 60, 1000, 240 milliards, combien coûte l'évasion fiscale? », France Culture, 23 janvier 2017.

3. Direction du Budget, « Les chiffres clés du budget de l'État 2017 », 14 mars 2017.

plus en plus d'injustice, au lieu d'introduire davantage d'équité.

L'évolution de l'impôt sur le revenu est à cet égard emblématique. Il fonctionne par tranches, ce qui signifie que chaque fois que le revenu atteint la borne où une tranche commence, l'argent qui dépasse cette borne est taxé à un taux plus élevé. Par conséquent, plus on ajoute de tranches, plus il tend à être progressif, c'est-à-dire équitable. C'est pourtant l'évolution contraire qui se produit : réforme après réforme, l'impôt sur le revenu a de moins en moins de tranches, ce qui le rend donc de moins en moins équitable. De 13 en 1975, leur nombre a en effet chuté à 7 en 1994, puis à 5 en 2007[1].

Autre cas d'injustice flagrante : l'existence d'une protection spéciale gouvernementale accordée aux déserteurs fiscaux.

En droit français, les poursuites pénales pour fraude fiscale ne peuvent être déclenchées qu'à l'initiative de l'administration fiscale, qui est hiérarchiquement soumise au ministère du Budget[2]. C'est le « verrou de Bercy ». En pratique, ce dispositif permet au ministère du Budget de négocier avec les fraudeurs une transaction secrète de régularisation, en toute légalité mais en toute opacité, et sans que le pouvoir judiciaire intervienne à quelque étape que ce soit alors qu'il y a bien eu délit. Il rend même possible et légal que telle grande fortune fraudeuse, si elle dispose de l'entregent nécessaire au ministère, échappe

1. « Barèmes IPP : impôt sur le revenu », Institut des politiques publiques, avril 2017.
2. Article L. 228 du Livre des procédures fiscales.

purement et simplement à toute mise en cause, parce que l'administration fiscale se sera tout simplement abstenue d'agir.

La Cour des comptes a d'ailleurs publiquement reconnu que la politique pénale de l'administration fiscale est ciblée « sur les fraudes faciles à sanctionner et non sur les plus répréhensibles », tandis que « les dépôts de plaintes » sur « les grandes entreprises ou des particuliers "à fort enjeu", sont extrêmement rares »[1].

Cela confirme l'existence de fait d'un cordon protecteur au bénéfice des grandes fortunes et grandes firmes qui fraudent. En juillet 2017, une coalition de parlementaires de gauche, de droite et centristes a proposé la suppression de ce « verrou de Bercy ». La majorité à l'Assemblée nationale a cependant rejeté cette proposition[2], suivant en cela la position du gouvernement, exactement comme l'avait fait la majorité précédente en 2016[3].

Plus largement, la France des années 2010 a clairement atteint le stade d'une fiscalité globalement antisociale. Quelques données factuelles en attestent.

Nous avons vu que la CSG est un impôt injuste, puisqu'il prélève le même pourcentage aussi bien sur un riche que sur un pauvre : pourtant, le revenu national prélevé *via* la CSG pèse le double du revenu national capté *via* l'impôt sur le revenu. Nous avons

---

1. Cour des comptes, « Les services de l'État et la lutte contre la fraude fiscale internationale », 10 octobre 2013, p. 11.
2. « Les députés rétablissent d'une courte majorité le "verrou de Bercy" », *Le Monde*, 26 juillet 2017.
3. Anticor, « Fraude fiscale : le verrou de Bercy reste fermé », 12 mai 2016.

également vu que la TVA est un impôt extrêmement injuste, puisqu'il pèse particulièrement lourd sur les épaules des plus défavorisés, et que l'impôt sur le revenu est un impôt équitable, puisque son taux monte progressivement en fonction de la richesse du contribuable. Pourtant, le revenu national prélevé *via* la TVA pèse plus de quatre fois le revenu national prélevé *via* l'impôt sur le revenu.

A contrario, les impôts focalisés sur les patrimoines et les grandes fortunes, c'est-à-dire la taxe foncière, l'impôt sur la fortune et les droits de succession, captent six fois moins de revenu national que ce qu'y prélève la TVA. Bref, les impôts les plus injustes sont précisément ceux qui pèsent le plus lourd sur nos épaules.

Les impôts les plus injustes sont ceux qui pèsent le plus lourd :

	Pourcentage du revenu national capté par ce prélèvement obligatoire
TVA et autres impôts indirects	13 %
Contribution sociale généralisée (CSG)	6 %
Impôt sur le revenu (IR)	3 %
Impôt sur les bénéfices des sociétés (IS)	2 %
Taxe foncière, impôt sur la fortune (ISF) et droits de succession	2 %

Source : Camille Landais, Thomas Piketty et Emmanuel Saez, *Pour une révolution fiscale, op. cit.*, p. 43.

Derrière la propagande et les préjugés sur une France fiscalement anti-riches et anti-entreprises, c'est donc bel et bien sur les classes moyennes et populaires que la fiscalité française est lourdement assise, cependant qu'elle est comparativement plus légère et plus accommodante envers les plus riches.

Cette situation n'est d'ailleurs appelée qu'à s'aggraver du fait de la réforme fiscale adoptée en 2017 : l'augmentation de la CSG, l'exonération de taxe d'habitation pour certains contribuables, et surtout la baisse colossale de l'impôt sur la fortune en sont les points saillants. L'OFCE[1] en a évalué l'impact. Pour les ménages modestes, le gain de pouvoir d'achat qui résultera de cette réforme est de 82 euros par foyer et par an. Pour les classes moyennes, il se situe autour de 200-300 euros. Pour les classes supérieures, la réforme fiscale est à peu près neutre. En revanche, les 10 % les plus riches du pays vont se partager à eux seuls près de la moitié des 9,1 milliards d'euros de baisse de prélèvements, soit un gain de pouvoir d'achat qui grimpe à 1 500 euros. Ils obtiennent presque vingt fois le total de ce que recevront les foyers les plus pauvres. De surcroît, parmi ces 10 % les plus riches, ce sont en fait les 1 %, les « ultra-riches », qui de très loin profiteront le plus de la réforme[2].

Projet d'injustice fiscale, l'Antisocial ne s'arrêtera pas. Nous devons donc l'arrêter.

---

1. OFCE : Observatoire français des conjonctures économiques.
2. « Impôts : pourquoi le "souffle fiscal" favorise les plus riches », *La Croix*, 13 juillet 2017.

9

Les oubliés

> « Hier a tout oublié, demain matin parle mal.
>
> Personne ne m'aime et puisque c'est comme ça j'irai sans vous.
>
> Personne n'te comprendra jamais, dis-leur pas comme t'as mal.
>
> N'oublie pas l'principal : au fond tout l'monde s'en fout. »
>
> Sofiane, « Tout l'monde s'en fout », 2017.

En 1859 advint un ouvrage appelé à bouleverser l'idée que l'humanité se fait de sa place dans l'univers comme parmi les autres espèces, et du rôle voire de la possible inexistence de Dieu. Cette année-là, le scientifique naturaliste Charles Darwin publiait en effet *L'Origine des espèces*[1]. Fruit de longues explorations à travers le monde, d'une patiente collecte de preuves et d'un travail acharné, le concept central en est la

1. Charles Darwin, *On the Origin of Species by Means of Natural Selection, or the Preservation of Favoured Races in the Struggle for Life*, 1859.

théorie de l'évolution. Elle est révolutionnaire en cela qu'elle explique l'état présent de toutes les espèces par un lent processus de sélection naturelle entre elles et au sein d'elles-mêmes ; et non pas par la création divine immédiate de toutes *ex nihilo*.

Ce monument de la pensée a toutefois sa face obscure. Divers intellectuels se sont en effet employés dès le XIXe siècle à défigurer la théorie de l'évolution dans un sens inhumain qu'elle n'a pas. Ils ont déduit de la théorie de l'évolution qu'il y aurait, dans l'espèce humaine, des êtres supérieurs et d'autres, inférieurs, parce que telles seraient les lois de la nature ; que, par voie de conséquence, les inégalités les plus immenses seraient normales et souhaitables[1]. Ainsi naquit l'abomination du « darwinisme social », alors que Charles Darwin lui-même classait les efforts de solidarité envers les membres les plus faibles de l'espèce comme caractéristiques des « humains civilisés »[2]. Les ramifications ultérieures les plus évidentes de cette idéologie inégalitaire furent les théories eugénistes plaidant la stérilisation ou l'élimination des êtres humains jugés inférieurs, ainsi que bien sûr les théories racistes sur l'inégalité entre les hommes, qui firent florès jusqu'à l'extermination des juifs d'Europe par l'Allemagne nazie.

L'on pourrait croire que sa postérité s'arrête là mais, à y regarder de plus près, l'Antisocial en fait partie. Ne considère-t-il pas que les inégalités croissantes

1. Patrick Tort, *Dictionnaire du darwinisme et de l'évolution*, Presses universitaires de France, 1996, p. 1008-1009.

2. Charles Darwin, *La Descendance de l'homme et la Sélection sexuelle*, 3e édition française, C. Reinwald & Cie, 1891, p. 144-145.

entre les hommes sont nécessaires, inévitables et souhaitables ? Son concept central, fondamental, n'est-il pas la compétition de chacun avec tous, à l'issue de laquelle le plus performant, le plus compétitif, atteint le sommet tandis que les autres prennent leur juste place de dominés ? En d'autres termes, puisqu'elle prône une compétition maximale intra-espèce, l'idéologie de l'Antisocial constitue bel et bien une résurgence du darwinisme social.

Il n'est par conséquent guère étonnant que sous son égide, l'indifférence envers le sort des catégories de population les plus appauvries et les plus reléguées ne fasse que monter en puissance.

Les réfugiés ont longtemps fait la une des médias mainstream. Ce fut toutefois au prix de leur occultation sémantique en tant que tels. Les *réfugiés* sont ainsi devenus les *migrants*, tandis que le *bidonville* de Calais était rebaptisé la *jungle*. Ces inflexions du vocabulaire de notre débat public sont tout sauf anodines. Elles révèlent à quel point la conscience du pays en matière de droits humains fondamentaux est en marche arrière. Parler des réfugiés qui s'entassent dans des bidonvilles ne convoque en effet absolument pas le même imaginaire que l'évocation des migrants dans la jungle. Dans le premier cas, la notion de réfugié pointe l'évidence du devoir humanitaire de leur porter assistance, et le fait d'appeler un bidonville par son nom pointe *a contrario* la faillite morale des pouvoirs publics français envers cette population en détresse. Dans le second cas, évoquer des migrants évacue l'enjeu humanitaire pour ne plus voir là qu'une masse de population extérieure au « nous » pénétrant sur le territoire, sorte de résurgence de la grande peur des invasions barbares. Quant à la notion de jungle, explicitons sa brutalité : c'est comparer implicitement les réfugiés à des sauvages, voire à des animaux.

Rappelons que les prétendus « migrants » sont bel et bien dans leur écrasante majorité des réfugiés. Selon Eurostat, au plus fort de la vague d'arrivées de 2015, 18,5 % proviennent de la Syrie, en guerre civile et en conflit régional; 10 % proviennent d'Afghanistan, en guerre civile et en conflit régional; 5 % proviennent de l'Irak, en guerre civile et en conflit régional; 3 % proviennent d'Érythrée, qui endure aujourd'hui l'une des dictatures les plus épouvantables de la planète; et ainsi de suite[1].

Rappelons également que l'accusation qui leur est faite de venir en France pour profiter de la générosité de sa protection sociale est mensongère : la meilleure preuve en est que leur plus gros point de concentration sur notre territoire est la ville de Calais, dans l'espoir de quitter notre pays pour le Royaume-Uni et non d'y rester. Quant au mythe d'une France envahie par les réfugiés car très généreuse en termes de droit d'asile, il ne résiste pas davantage à l'examen : en 2016 notre pays accueille 78 000 réfugiés, demandeurs d'asile, c'est-à-dire le dixième de ce qu'accueille l'Allemagne. De plus, en France seules 29 % des demandes sont satisfaites alors que c'est en moyenne 62 % dans l'Union européenne[2]. Autrement dit,

---

1. « Comprendre la crise des migrants en Europe en cartes, graphiques et vidéos », *Le Monde*, 4 septembre 2015.

2. « La France, cinquième destination des migrants », *Les Échos*, 29 juin 2017; « Cinq millions de migrants vers les pays riches en 2016 », *Les Échos*, 29 juin 2017.

aujourd'hui, dans les actes la France n'est plus « le pays des droits de l'homme ».

Le traitement médiatique audiovisuel des réfugiés laisse globalement invisibles leur état de détresse humanitaire et la persécution policière qu'ils endurent quotidiennement. Les faits sont pourtant là.

En 2014, alors qu'un peu plus de 20 % des réfugiés parvenus à Calais sont apparemment atteints de la gale, la préfecture ne lance pas de mesures sanitaires d'urgence pour traiter cette urgence médicale. Elle décide de raser leurs camps de fortune et déclare que les cas de gale seront traités en même temps que les réfugiés seront expulsés[1]. La même année, le nombre des réfugiés mineurs et laissés à l'abandon double par rapport à 2013[2]. En 2014 toujours, les réfugiés sont privés de douches : ils n'ont plus accès pour se laver qu'au robinet du quai de la Moselle, cependant qu'un point d'eau disponible près de l'usine Tioxide est coupé[3]. Un collectif d'enseignants-chercheurs et plus largement d'universitaires en vient à publier une tribune dénonçant explicitement une « violence d'État », sous forme de harcèlement policier des réfugiés, de destruction intentionnelle de leurs abris, et même de destruction de leurs effets personnels[4].

1. « Les migrants de Calais, pestiférés de la République », *Libération*, 27 mai 2014.

2. « Les "mineurs isolés", des réfugiés vulnérables et traumatisés », *La Croix*, 28 octobre 2015.

3. « Dans la jungle de Tioxide à Calais », Mediapart (blog) 26 juillet 2014.

4. Michel Agier et alii, « Violence d'État contre les exilés de Calais », *Libération*, 27 juillet 2014.

En 2016, les opérations de destruction de campements de réfugiés se multiplient à Paris[1]. Par exemple, le 31 octobre, dans le quartier de Stalingrad, une opération dite de « contrôle administratif », là où environ 2 000 personnes ont trouvé refuge, sert en réalité de préalable au démantèlement forcé de cette zone d'accueil humanitaire[2].

En 2017, l'ONG Médecins sans frontières lance l'alerte quant au fait qu'à Paris la police confisque leurs couvertures aux réfugiés[3] : cela dans l'idée que la froidure leur fera quitter la ville, et au risque qu'en plein hiver ils y laissent leur vie. MSF dénonce ensuite le harcèlement policier envers les réfugiés, qui va jusqu'à l'emploi de gaz lacrymogènes pour les disperser, l'interdiction de s'asseoir dans la file d'attente du centre humanitaire du quartier de la Chapelle ou, *bis repetita*, la confiscation des couvertures en plein hiver, provoquant des hypothermies[4]. Similairement, un collectif rapporte que, le 9 janvier, des CRS secondés par des équipes municipales détruisent la trentaine de tentes de réfugiés installés à proximité du centre humanitaire et que les affaires de ces derniers finissent jetées dans les bennes de la Propreté de Paris[5].

1. « À Paris, les désintégrations de campement de migrants se succèdent », RFI, 31 octobre 2016.
2. « À Paris, contrôle de migrants et destruction de tentes », AFP (vidéo), 31 octobre 2016.
3. « Migrants : des policiers parisiens interviennent "pour retirer les couvertures", selon MSF », France Info, 8 janvier 2017.
4. « Médecins sans frontières accuse la police de "confisquer" leurs couvertures aux migrants à Paris », Huffington Post, 8 janvier 2017.
5. « Destruction d'un campement de migrants à Paris, rue Pajol le 9 janvier », Paris Luttes, 10 janvier 2017.

En mai, à Calais, l'association « L'Auberge des Migrants » rapporte de son côté que la police l'a empêchée physiquement de distribuer des repas aux réfugiés hormis dans un créneau de deux heures. Alors que cela revient à interdire de leur donner à manger 92 % du temps que compte une journée, la préfecture nie qu'il s'agisse d'une mesure d'interdiction[1]. Quelques mois plus tard, à Paris, de nouveau du côté de la Chapelle, des associations rapportent elles aussi que la police les a empêchées de distribuer des petits déjeuners aux réfugiés[2]. En juin, les associations présentes sur le terrain signalent les énièmes entraves policières qu'elles subissent dans leurs tentatives de porter assistance aux réfugiés, ainsi que les violences policières se multipliant contre ces derniers[3].

Mi-juin 2017, la position adoptée par le Défenseur des droits, autorité constitutionnelle indépendante, claque comme un coup de pistolet dans un orchestre : il affirme que les réfugiés de Calais connaissent des « conditions de vie inhumaines », qualifie de « traque » l'attitude des pouvoirs publics et évoque des « atteintes aux droits fondamentaux les plus élémentaires » dans « ce qui s'apparente à un déni d'existence des exilés »[4].

---

1. « À Calais, la police bloque une distribution de repas aux réfugiés par L'Auberge des Migrants », France Info, 31 mai 2017.

2. « Migrants à Paris : la police aurait empêché la distribution de petits déjeuners », *Le Monde*, 19 août 2017.

3. « Calais : les associations se plaignent des entraves à l'aide aux migrants », *Le Monde*, 1er juin 2017.

4. « Migrants à Calais : le Défenseur des droits dénonce des "conditions de vie inhumaines" », *Le Parisien*, 14 juin 2017.

Faut-il poursuivre l'atroce litanie des exactions des pouvoirs publics face à ces réfugiés démunis ? Oui.

Début juillet, franceinfo diffuse une vidéo tournée par un collectif d'aide aux réfugiés à la gare de Menton dans laquelle il apparaît que des policiers reconduisent à la frontière italienne des réfugiés mineurs : cela, de surcroît sans leur proposer de déposer en France une demande d'asile, ce qui est illégal[1] . Un mois plus tard, l'un des membres du collectif, Cédric Herrou, est condamné à 1 000 euros de dommages et intérêts ainsi que quatre mois de prison avec sursis, pour « aide à l'immigration clandestine » et pour avoir installé une cinquantaine de réfugiés érythréens dans un bâtiment désaffecté de la SNCF[2]. Pendant ce temps, à ma connaissance, aucun policier n'a été condamné en justice pour les violences faites aux réfugiés.

En août, l'ONG Human Rights Watch publie un rapport qui, sur la base de témoignages accumulés de réfugiés et d'acteurs humanitaires, confirme la récurrence des violences policières et des atteintes aux droits humains contre les réfugiés de Calais : « Human Rights Watch a constaté que les policiers à Calais, en particulier les Compagnies républicaines de sécurité [CRS], font un usage courant de gaz sur des migrants, enfants et adultes, alors qu'ils sont endormis, ou dans d'autres situations où ils ne présentent aucune menace ; qu'ils aspergent de ce gaz ou

1. « La France accusée dans une vidéo de renvoi illégal de migrants mineurs vers l'Italie », franceinfo, 6 juillet 2017.

2. « Aide aux migrants : Cédric Herrou condamné en appel », Arte, 8 août 2017.

confisquent des sacs de couchage, des couvertures et des vêtements ; et que parfois, ils pulvérisent du gaz sur la nourriture et l'eau des migrants. Les policiers perturbent également la délivrance d'assistance humanitaire[1]. » Fin octobre, le ministre de l'Intérieur reconnaît l'utilisation de gaz sur des réfugiés mais les qualifie de « dérapages individuels[2] », là encore sans qu'il y ait à ma connaissance la moindre condamnation en justice de policiers adeptes du gazage de réfugiés.

La situation des Roms nomades de France – à ne pas confondre avec la majorité de Roms sédentaires dont la présence sur notre territoire est attestée depuis des siècles – n'est pas plus enviable. Elle a atteint un tel point de gravité que le Haut-Commissaire de l'ONU aux droits de l'homme a dénoncé une « politique nationale systématique d'expulsions de force des Roms[3] ».

Cette population de quelque 17 000 personnes, dont plus de 4 000 enfants, est essaimée dans un peu moins de 400 bidonvilles. Un quart d'entre eux vivent sans accès à l'eau courante et plus d'un millier ne disposent d'aucun traitement des déchets. La moitié de leurs enfants ne sont pas scolarisés. Dans un vaste cycle de destructions et de reconstitutions, en permanence au moins un tiers des bidonvilles sont en voie

1. Human Rights Watch, *« C'est comme vivre en enfer » : abus policiers à Calais contre les migrants, enfants et adultes*, 2017.

2. « France : la police reconnaît à demi-mot des abus contre les migrants à Calais », RFI, 24 octobre 2017.

3. « L'ONU dénonce la "politique nationale systématique d'expulsions de force des Roms" en France », *L'Express*, 11 septembre 2015.

de démantèlement[1]. Élément fondamental d'atteinte aux droits humains, la très large majorité des expulsions ne sont accompagnées d'aucun dispositif de relogement, même provisoire. À Paris, la presse a révélé en 2014 une note interne au commissariat du 6e arrondissement de Paris qui ordonne aux policiers « de jour et de nuit, de localiser les familles roms vivant dans la rue et de les évincer systématiquement », cela « sur instruction de la commissaire centrale ». Or, si certains cas de mendicité dans la rue sont illégaux, le fait d'émettre une instruction policière prenant pour cible une catégorie de population sur critère d'origine l'est aussi, et beaucoup plus gravement[2]. À Haubourdin, village des environs de Lille, le maire a fait déverser de la boue tout autour d'un camp de Roms pour les pousser à s'enfuir[3]. Durant l'année 2015, l'intensité des évacuations forcées de bidonvilles est devenue si forte qu'elle a touché 6 Roms nomades sur 10 présents en France[4]. Et ce climat général perdure puisqu'en 2017, 14 % des Roms nomades de France ont subi des expulsions forcées dès les cinq premiers mois de l'année[5].

La France compte également quelque 400 000 immigrés en situation illégale. Là encore, la sémantique a

1. « Roms en France, des chiffres inédits », *La Croix*, 26 septembre 2013.

2. « La police veut "évincer" les Roms des beaux quartiers parisiens », *Le Parisien*, 15 avril 2014.

3. « À Haubourdin, le maire fait déverser de la boue sur un camp de Roms », *L'Express*, 16 avril 2015.

4. « La France poursuit sa politique d'expulsion des Roms condamnée par l'Europe », Euractiv, 13 janvier 2016.

5. « On fait comme si les Roms étaient des citoyens qui n'existaient pas », Slate, 22 mai 2017.

un sens. Ceux qui pensent qu'ils doivent être expulsés les appellent des *clandestins* ; ceux qui pensent que leur détresse humanitaire nous fait obligation de leur porter assistance les appellent des *sans-papiers*. Ils ont droit à l'aide sociale à l'enfance et à la scolarisation de leurs enfants, ce qui est logique puisqu'on voit mal pourquoi les enfants, qui par définition ne sont pour rien dans le lieu de résidence établi par leurs parents, devraient en être sanctionnés. Ils ont droit à l'aide aux demandeurs d'asile, soit 252 euros par mois en moyenne : c'est toutefois rare car il faut avoir déposé une demande d'asile et qu'elle n'ait pas encore été refusée ; or, le taux des refus touche, nous l'évoquions, 7 demandes sur 10. Ils ont droit à l'aide médicale d'État, indispensable pour la santé publique parce que, sans elle, une population de milliers d'immigrés illégaux jamais soignés favoriserait la multiplication des épidémies et la saturation des hôpitaux publics, en bout de course, par l'accumulation des cas non soignés les plus graves. Rappelons par ailleurs que l'aide médicale d'État ne se mange pas et que, par conséquent, les immigrés en situation illégale ne peuvent pas en vivre[1],[2].

Ils n'ont globalement droit à rien d'autre. De fait, contrairement à une légende tenace, ils n'ont pas accès aux droits et aux protections les plus basiques que, censément, la France accorde à tout être

1. « Qu'est-ce que l'aide médicale de l'État (AME) ? », Direction de l'information légale et administrative (Premier ministre), 1er avril 2017 ; « À quoi les migrants ont-ils vraiment droit en France ? », *Le Monde*, 13 octobre 2016.

2. Sénat, *Rapport de la commission d'enquête sur l'immigration clandestine*, 2006, p. 167-181.

humain. Ils n'ont droit ni à des allocations chômage, ni à l'assurance maladie, ni à la couverture d'un accident de travail, ni à des allocations familiales, ni à une pension de retraite, ni au RSA. Ils n'ont pas droit non plus à l'allocation de solidarité aux personnes âgées – le « minimum vieillesse » –, car pour en bénéficier, il faut être détenteur d'un titre de séjour en règle ou reconnu comme réfugié. Ils n'ont pas davantage droit à des protections encore plus élémentaires : par exemple, s'ils se font dépouiller ou tabasser, ils ne peuvent pas porter plainte au commissariat car la première chose qui leur sera demandée sera une pièce d'identité, d'où mécaniquement l'arrestation et non la prise en compte de leur plainte. Pour la même raison, ils ne peuvent faire valoir leurs droits humains ni contre les « marchands de sommeil » qui leur louent des logements insalubres à des tarifs prohibitifs ni contre l'esclavage moderne que leur infligent des employeurs au noir ; notamment dans la restauration et dans les travaux publics[1].

Par conséquent, dans le silence et l'indifférence du débat public, en particulier audiovisuel, il existe en France des milliers d'esclaves modernes.

Outre la diabolisation et la ghettoïsation des jeunes de banlieue, au sort desquels j'ai consacré un précédent ouvrage[2], se pose le problème de l'état d'abandon de la population rurale pauvre. Elle ne doit pas être confondue avec la « ruralité heureuse », zones

1. « Sans-papiers et travail dissimulé », Impact, 25 février 2015 ; « Les sans-papiers sortent de l'ombre », *L'Humanité*, 29 janvier 2016.

2. Thomas Guénolé, *Les jeunes de banlieue mangent-ils les enfants ?*, *op. cit.*

« rurbaines » progressivement investies par les classes moyennes et supérieures venues y trouver un cadre de vie plus verdoyant. La ruralité pauvre, elle, concerne 3 millions d'habitants qui vivent dans des territoires à la fois enclavés en termes de transports, sous-urbanisés en termes d'infrastructures, relégués en dehors de l'influence des grands pôles de prospérité du pays, et dont les indicateurs de qualité de vie, tels que l'accès aux soins médicaux ou l'indice de mortalité, sont les plus défavorables de toutes les catégories de territoire qui existent en France[1].

Les marques de l'inexorable délaissement de ces 3 millions de ruraux pauvres sont de tous ordres. Dans le Nord et le Pas-de-Calais, qui mêlent des territoires urbains et ruraux, c'est majoritairement en zone rurale que les bureaux de poste ferment[2]. En Lozère, la population a accès à 126 médecins pour 100 000 habitants, c'est-à-dire une couverture moitié moindre que la moyenne nationale[3]. Dans le Gers, en deux décennies 70 postes d'enseignants ont été supprimés alors que les effectifs des élèves, eux, ont progressé de 415 élèves[4]. Indice clair d'une inégalité de développement, plus d'un quart des abonnés au haut débit en milieu rural ne peuvent ni recevoir ni envoyer certains types de contenus, en particulier des

1. « Villes, périurbain, rural : quels sont les territoires les moins favorisés ? », Observatoire des inégalités, 18 septembre 2014.

2. « Les agences postales communales gagnent du terrain, avec quels résultats ? », *La Voix du Nord*, 5 août 2017.

3. « Proposition de loi visant à instaurer une suspension de toute fermeture de services publics en zone rurale pendant cinq ans », Assemblée nationale, 10 mai 2017.

4. « L'école est en danger », *La Dépêche*, 13 février 2017.

vidéos, parce que leur centre de raccordement est situé à plus de 3 kilomètres de leur domicile[1].

Or, pendant ce temps les signaux d'alarme se multiplient. En moyenne tous les trois jours un agriculteur met fin à ses jours. Au cours du premier semestre de l'année 2016, les bénévoles de l'association « Agri'écoute » ont reçu environ trois fois plus d'appels qu'à la même période en 2015[2]. Plus largement l'on constate une surmortalité de la population rurale pauvre[3], ce qui tend à confirmer une détresse humaine tout à fait réelle, quand bien même elle serait silencieuse et largement ignorée par notre débat public.

Enfin et surtout, hormis la brève salve de reportages compatissants qui leur est consacrée durant les fêtes de fin d'année, la situation de nos mal-logés apparaît frappée en permanence d'invisibilité médiatique et d'un climat de parfaite indifférence. Les chiffres sont pourtant accablants.

Au total 4 millions de personnes souffrent en France du mal-logement. Cas extrême, notre pays compte 143 000 SDF, soit l'équivalent de la population totale de la ville d'Aix-en-Provence. Plus de 200 000 personnes vivent dans de mauvaises conditions dans des « habitats mobiles », autrement dit dans des caravanes ou des véhicules de même type.

1. Conseil économique, social et environnemental, *Inégalités environnementales et sociales : identifier les urgences, créer des dynamiques*, 2015, p. 24.

2. « Tous les trois jours, un agriculteur se suicide en France », *Les Échos*, 29 décembre 2016.

3. « Suicide : ne (surtout) pas oublier les campagnes... », *La Nouvelle République*, 13 mars 2017.

Six cent quarante-trois mille personnes vivent chez un tiers par contrainte, généralement faute de pouvoir financièrement avoir leur propre logement : un peu plus de la moitié sont des jeunes de plus de 25 ans, revenus habiter chez leurs parents ou grands-parents parce qu'ils n'ont pas les moyens de se loger.

Près d'un million de personnes vivent en situation de surpeuplement accentué. Plus d'un million de personnes sont des locataires en impayés de loyer ou de charges qui vivent sous l'épée de Damoclès d'une expulsion. Plus de 2 millions de personnes vivent dans des conditions de logement très difficiles, parce que leur logement ne possède pas d'eau courante, pas de WC intérieurs, pas de douche, pas de moyen de chauffage, pas de coin cuisine, ou encore parce que la façade est dégradée par des fissures profondes : et ce, sans compter les problèmes qui accompagnent généralement ces situations tels que les moisissures, les infiltrations d'eau ou des installations électriques dangereuses. Près de 6 millions de personnes endurent un effort financier excessif pour se loger, au point de leur laisser un reste-à-vivre inférieur au seuil de pauvreté. Près de 8 millions de personnes déclarent avoir eu froid au cours de l'année pour des raisons de précarité : qu'il s'agisse d'une mauvaise isolation, d'une installation de chauffage insuffisante ou encore de l'impossibilité financière de bénéficier du chauffage.

Circonstance aggravante, la plupart de ces constats dénotent une détérioration de la situation au fil des ans, souvent dans des proportions spectaculaires. Le nombre de SDF en France a par exemple augmenté de moitié au fil de la décennie 2000. Et de 2006 à

2013, la population qui se prive de chauffage par manque d'argent a augmenté de 44 %[1].

Réfugiés, Roms nomades, sans-papiers, jeunes de banlieue, population rurale pauvre, mal-logés : année après année, sous le règne d'une idéologie d'apologie des inégalités et du chacun-pour-soi, tout se passe comme si notre société s'habituait à considérer comme normal le sort des populations les plus appauvries et les plus reléguées ; et à lui être indifférente.

Nouvel héritier du darwinisme social, l'Antisocial ne s'arrêtera pas. Nous devons donc l'arrêter.

---

1. Fondation Abbé-Pierre, *L'État du mal-logement en France : 22e rapport annuel*, 2017, p. 393-408.

10

Faut-il un nouveau Mai 68 ?

> “Rise, like lions after slumber
> In unvanquishable number !
> Shake your chains to earth, like dew
> Which in sleep had fallen on you :
> Ye are many – they are few[1] !”
>
> Percy B. Shelley, *The Masque of Anarchy*, 1819.

L'Antisocial détruit méthodiquement le modèle français de solidarité. Il le remplace par le règne du chacun-pour-soi. Il ne compte maintenir qu'un filet de sécurité sociale de plus en plus rudimentaire envers les quelque 90 % de la population française qui n'ont pas les moyens de se mettre eux-mêmes financièrement à l'abri des aléas de la vie. De surcroît, pour financer cette aumône il compte ponctionner de moins en moins les plus riches et de plus en plus ces mêmes 90 %, *via* des prélèvements obligatoires

1. « Debout ! Comme des lions après le repos, / En nombre invincible ! / Jetez vos chaînes à terre, telle une rosée / Qui dans votre sommeil serait tombée sur vous : / Vous êtes nombreux – ils sont peu ! » (traduction de Félix Rabbe, éditée par Victoria Mears).

inéquitables. Toutes proportions gardées, l'on songe irrésistiblement à *Soleil vert*[1], célèbre film de science-fiction des années 1970 : dans ce futur contre-utopique, le système économique se met à fabriquer la nourriture de la grande masse non riche de l'humanité à partir des cadavres recyclés de l'espèce humaine elle-même.

L'Antisocial ne négociera pas, sauf à la marge. L'Antisocial ne s'arrêtera pas : réforme après réforme, il ne fera qu'accélérer ou ralentir en fonction du rapport de forces du moment. Pour paraphraser le milliardaire états-unien Warren Buffett cité en ouverture de ce livre, il y a bien là une « guerre sociale », conduite par les plus riches, qui sont en train de la gagner.

La question n'est donc pas de savoir si ce conflit doit avoir lieu, puisqu'il nous est d'ores et déjà livré. La question est plus simple : que faire pour nous défendre ? Une brève analyse des victoires sociales du XXe siècle permet d'y répondre.

Nous sommes au sortir de la Première Guerre mondiale. Quatre années durant, les usines françaises ont tourné à plein régime afin de nourrir l'effort de guerre contre l'Allemagne. Ce n'est pas allé sans revendications : en particulier celles des ouvrières des usines textiles produisant les uniformes de l'armée, qui multiplient les grèves en pleine loi martiale pour que des augmentations de salaire rattrapent la flambée des prix sur le pain, le lait ou encore le sucre[2].

1. *Soleil vert* (1973), réalisé par Richard Fleischer.
2. « 1917-1918 : les ouvrières tourangelles en grève », *La Rotative*, 6 novembre 2016.

C'est d'ailleurs une grève lancée en 1917 par des « midinettes », ces ouvrières couturières ainsi surnommées du fait de leur brève pause déjeuner à midi, qui obtiendra la « semaine anglaise » : l'arrêt de la semaine de travail le samedi à midi, sans perte de salaire[1]. Lorsqu'à l'armistice nombre d'ouvrières sont sèchement renvoyées au foyer et remplacées par des hommes, le mouvement social ouvrier ne s'arrête pas pour autant. Les grèves essaiment au contraire dans tout le pays tandis que monte en puissance une vague sans précédent de syndicalisation. Nouveauté : de vastes manifestations de rue accompagnent les grèves, ce qui a l'immense atout de rendre visible l'ampleur de la mobilisation collective.

L'exigence principale reste l'augmentation des salaires pour rattraper la hausse des prix, assortie toutefois d'une revendication plus ancienne : passer à la journée de travail de 8 heures. La menace bien réelle de basculement du pays dans la grève générale contraint les autorités à céder : le 23 avril 1919, la journée de 8 heures est instaurée en France. Sur le terrain, nombre d'entreprises refusent cependant d'appliquer la nouvelle limitation de la durée quotidienne du travail. Une vague de grandes grèves démarre alors pour exiger le respect de la nouvelle loi. Elle est particulièrement suivie dans le réseau ferroviaire, qui relevait encore du secteur privé à l'époque. Le 29 février 1920, le patronat capitule. Il consent à appliquer réellement la journée de 8 heures. Les grèves s'éteignent.

---

1. « 14 mai 1917 : quand des "midinettes" en grève font changer la loi », France Info, 9 mai 2014.

Mais les grandes compagnies ferroviaires maintiennent leurs projets de sanctions contre les cheminots ayant été grévistes. Un nouveau mouvement de grève, uniquement cheminot cette fois-ci, est lancé pour leur faire baisser les armes et pour réclamer la nationalisation des chemins de fer. Faute de contagion gréviste massive à l'ensemble de l'économie du pays, le patronat et le gouvernement optent pour l'affrontement. Outre une politique particulièrement brutale de cassage des grèves, les pouvoirs publics vont jusqu'à mobiliser des étudiants pour faire tourner les locomotives. L'échec de cette grève de mai 1920 sera suivi d'une répression très dure envers les cheminots, vraisemblablement dans l'idée de faire un exemple[1].

Le sentiment ambiant d'avoir suffisamment obtenu gain de cause avec la journée de 8 heures ainsi que l'amertume après la lourde défaite de la grève ferroviaire entraînent ultérieurement une chute de la syndicalisation et du nombre de grèves : il y a en 1927 à peine plus de 10 000 grévistes dans tout le pays, contre 1,3 million en 1920[2].

Cette « guerre sociale » de la période 1919-1920 nous donne une leçon claire : la combinaison entre des manifestations massives et des grandes grèves de blocage du pays force le gouvernement et le patronat à capituler du fait de la paralysie économique ainsi

1. Jean-Louis Robert, « 1914-1920. La nation à l'épreuve du social », dans Michel Pigenet et Danielle Tartakowsky (dir.), *Histoire des mouvements sociaux en France : de 1814 à nos jours*, La Découverte, 2012, p. 266-269.

2. Ralph Schor, *Histoire de la société française*, Belin Sup, 2005, p. 162.

engendrée. *A contrario*, si une grève est essentiellement cantonnée à un seul secteur d'activité, les mêmes adversaires risquent de profiter de cet état d'isolement pour la briser.

Seize ans plus tard, en 1936, la victoire électorale du Front populaire suscite des grèves revendicatives avant même que le nouveau gouvernement ne se mette en place. Dans un contexte de baisse des salaires et de flambée des prix, la population salariée est massivement disponible pour un mouvement social.

Comme en 1919, il ne sera pas lancé par les dirigeants des grands syndicats nationaux. C'est au contraire l'accumulation de grèves spontanées un peu partout sur le terrain qui conduit ces dirigeants à appeler à la grève générale pour ne pas être trop en retard sur le volontarisme de la base. Les usines d'aviation sont particulièrement en pointe cette année-là : les usines Bréguet au Havre le 1er mai, les usines Latécoère à Toulouse le 13, les usines Bloch – futures usines Dassault – à Courbevoie le 14 se mettent en grève les unes après les autres. Les usines de textile, les usines alimentaires, où travaillent essentiellement des femmes, rejoignent le mouvement. À la fin du mois, les grèves s'étendent dans la région parisienne, notamment dans l'usine Renault de Billancourt le 28. Début juin, des secteurs stratégiques entiers de l'économie débrayent : alimentation, textile, pétrole, métallurgie, mines...

Nouveauté : en plus des grèves et des manifestations, nombre de grévistes occupent leur lieu de travail. Ils y organisent des « comités de grève » où les suites du mouvement social sont débattues et votées au jour le jour. Autre innovation, ils y montent des bals populaires, de sorte que des musiciens et des compagnies de théâtre jouent dans des usines et des grands magasins à l'arrêt, avec pour public les ouvriers qui les occupent. L'effet boule de neige atteint des proportions jamais vues : 12000 entreprises en grève dont les trois quarts avec occupation du lieu de travail, pour un total de 2 millions de grévistes[1].

À l'instar des dirigeants syndicaux, le nouveau gouvernement de Léon Blum n'a aucun contrôle sur cette grève générale qui s'est installée en quelques semaines à peine dans tout le pays. Les dimensions prises par le mouvement social sont telles que le patronat ne peut pas, contrairement à mai 1920, tenter de briser les grèves par la force. Craignant d'ailleurs que l'occupation des usines ne soit le prélude à une révolution, il opte pour la négociation d'un grand compromis social avec le gouvernement afin d'obtenir la reprise du travail.

De fait, sous la pression du blocage de l'économie du pays, les accords de Matignon signés dans la nuit du 7 au 8 juin obtiennent des avancées beaucoup plus fortes que ce que prévoyait le programme électoral du Front populaire : l'augmentation des salaires, en l'occurrence de 12 %, s'y trouvait ; mais la création de deux semaines de congés payés par an et la réduction massive de la semaine de travail – de 48 à 40 heures – sont conquises alors que le programme

---

1. Serge Berstein, *La France des années 30*, 2011, p. 142-152 ; Louis-Pascal Jacquemond, *L'Espoir brisé. 1936, les femmes et le Front populaire*, Belin, 2016, p. 79-92.

du Front populaire ne les prévoyait pas. À cela s'ajoutent quelques semaines plus tard des concessions supplémentaires pour que finisse de s'éteindre la grève générale : notamment une loi sur la retraite des mineurs à 65 ans, ainsi qu'une autre pour augmenter le nombre de bénéficiaires des allocations chômage.

Le gouvernement lancera même un programme de nationalisations : y compris celle des chemins de fer, pour laquelle les cheminots grévistes de 1920 s'étaient battus en vain[1].

La « guerre sociale » de 1936 confirme donc la leçon de celle de 1919-1920 : la combinaison entre des manifestations massives et des grandes grèves de paralysie de l'économie force gouvernement et patronat à s'entendre d'urgence pour concéder à la population une avalanche de nouvelles conquêtes sociales. Si, de surcroît, les lieux de travail sont occupés par les grévistes, la capitulation du patronat est encore plus rapide. Il apparaît en outre que le meilleur déclencheur est l'effet boule de neige des grèves spontanées, accumulées par la base sans attendre les ordres, pour faire ensuite tache d'huile dans tout le pays ; et non pas une consigne tombée d'en haut.

Contrairement aux grèves générales de 1919 ou de 1936, Mai 68 reste aujourd'hui un souvenir extrêmement vivant dans notre mémoire. Ce livre est d'ailleurs publié alors que nous nous apprêtons à fêter les 50 ans de ce mouvement, à débattre de son héritage

---

1. Antoine Prost, « Les grèves de 1936 », dans Michel Pigenet et Danielle Tartakowsky (dir.), *Histoire des mouvements sociaux en France : de 1814 à nos jours*, *op. cit.*, p. 404-414.

et, sans doute, à nous diviser entre partisans et adversaires de son impact sur la société française.

Il y a toutefois là un phénomène d'amnésie partielle. Notre imaginaire collectif convoque en effet spontanément très peu d'éléments : les manifestations étudiantes, les slogans « CRS = SS » ou « Il est interdit d'interdire », ainsi que la figure emblématique et joviale de « Dany le Rouge ». Nous n'en gardons par ailleurs que la lecture suivante : en pleine émergence de la consommation de masse et de la nouvelle abondance des Trente Glorieuses, la jeunesse étudiante de la génération du baby-boom se serait révoltée contre le puritanisme encore très puissant dans la France des années de Gaulle, pour obtenir l'émancipation des mœurs afin de « jouir sans entraves ».

Il est incontestable que l'exigence de libération sexuelle fut le point de départ du Mai 68 étudiant : il démarre à l'université de Nanterre, lorsque des étudiants réclament l'accès libre aux dortoirs des filles et sont évacués par la police[1]. N'y voir qu'une pure envie de licence sexuelle, c'est néanmoins passer sous silence les racines intellectuelles de la démarche. Les révoltés de Nanterre se revendiquent en effet d'emblée du philosophe marxiste et freudien Herbert Marcuse. Dans son ouvrage de référence *Éros et civilisation*, ce dernier voit dans le capitalisme un système déshumanisant qui aliène les êtres en réprimant leurs envies et leurs potentialités, sexuelles et laborantes, afin de les soumettre au principe de

1. Martine Fournier, « Mai 68 et la libération des mœurs », *Sciences humaines*, 10 avril 2008.

rendement : les voies de l'émancipation humaine seraient donc la révolution sexuelle et l'abolition du travail aliéné, pour ériger une nouvelle société non répressive[1]. En d'autres termes, pour le mouvement étudiant soixante-huitard, la révolution sexuelle est indissociable d'une révolte globale contre le système en place. Cela inclut d'ailleurs une mobilisation pacifiste quant aux enjeux internationaux de l'époque : l'on songe à la manifestation du 20 mars 1968 contre la guerre du Vietnam, dont la répression policière entraînera le 22 l'occupation étudiante de la faculté de Nanterre.

Plus largement, ne se souvenir de Mai 68 que sous l'angle des mœurs, c'est poser sur ce mouvement un regard borgne, car le Mai 68 étudiant en anticipe, réclame et accompagne un autre : le Mai 68 social.

De fait, après une amplification de leur mobilisation durant le mois d'avril, tout particulièrement à Nanterre, un cortège d'étudiants participe au défilé syndical traditionnel du 1er Mai dans un acte symbolique d'alliance des revendications. Les grands syndicats, notamment la CGT, la CFDT et la FEN[2], y répondent favorablement. Ils fixent au 13 mai une grande journée de grèves et de manifestations dont la revendication est rien moins que « la transformation du système économique par et pour le peuple ».

Entre-temps le mouvement étudiant pousse encore plus loin son audace avec l'occupation symbolique de la vénérable Sorbonne, à l'époque temple du

1. Herbert Marcuse, *Eros and Civilization*, Beacon Press, 1955.
2. La FEN était à l'époque un syndicat enseignant, ancêtre de l'actuelle UNSA.

conservatisme universitaire français. N'étant pas encore habituées à ce type de conflit, les autorités réagissent par des répressions policières brouillonnes et excessivement brutales, ce qui facilite et amplifie la propagation de la révolte étudiante dans Paris. Le Quartier latin, où se trouvent notamment la Sorbonne, une faculté de médecine et Sciences Po, devient le théâtre de manifestations et de violentes confrontations avec la police[1].

C'est dans ce climat de poudrière que démarre le Mai 68 social, le 13. Le mouvement est à la fois plus rapide et plus large qu'en 1936. Les grèves avec occupation d'usines se généralisent en quelques jours à peine, de même que les grèves dans la fonction publique, en particulier dans l'Éducation nationale. Étudiants et grévistes manifestent ensemble, actant leur front commun. Nouveauté : sur le modèle des grèves de 1936, la mobilisation étudiante pratique systématiquement les assemblées générales dans les universités qu'elle occupe, pour débattre et voter des suites du mouvement. L'économie du pays, y compris les services publics et l'approvisionnement en essence, est paralysée. Le patronat et les pouvoirs publics renoncent donc à la stratégie de répression et acceptent de négocier.

Signés le 27 mai, les accords de Grenelle concèdent une progression considérable du salaire minimum, qui est augmenté de plus d'un tiers, ainsi qu'une augmentation moyenne de 10 % de l'ensemble des salaires et le droit pour les syndicats de créer une

1. « La révolte étudiante au Quartier latin en Mai 1968 », journal télévisé du 15 mai 1968, archives de l'INA.

section dans toute entreprise dès lors qu'ils y ont des militants. Il y aura également par la suite de nouveaux droits pour la population étudiante *via* des réformes du système universitaire.

Toujours est-il qu'en mai 1968, c'est bel et bien le mouvement social de grève générale, et non pas seulement le mouvement étudiant, qui a contraint patronat et gouvernement à céder[1],[2].

Cela étant, malgré les accords de Grenelle, à la surprise des autorités et des dirigeants syndicaux, sur le terrain la base gréviste et étudiante refuse d'interrompre la grève générale, qui de fait se poursuit. Elle n'a cependant pas de débouché politique possible, car les forces d'opposition sont alors émiettées et profondément divisées sur la stratégie à suivre. Parallèlement, la mobilisation ouvrière commence à refluer du fait des grévistes déjà satisfaits par les gains des accords de Grenelle. Après avoir un temps envisagé de quitter le pouvoir, le général de Gaulle s'assure de la loyauté de l'armée lors d'une visite à la base militaire française en territoire allemand de Baden-Baden. Puis il coupe l'herbe sous le pied des forces d'opposition en convoquant pour la fin du mois de juin des élections législatives anticipées. La répression qui s'ensuit est extrêmement dure, avec par exemple le 11 juin la mort de deux grévistes à l'usine Peugeot de Sochaux, dans le Doubs :

1. Ralph Schor, *Histoire de la société française, op. cit.*, p. 351-352.

2. Michel Margairaz et Danielle Tartakowsky, « Mai-juin 1968 et ses suites », dans Michel Pigenet et Danielle Tartakowsky (dir.), *Histoire des mouvements sociaux en France : de 1814 à nos jours, op. cit.*, p. 475-485.

l'un abattu par un CRS, l'autre victime d'une chute mortelle après avoir été déséquilibré par le souffle d'une grenade policière. Le 12, le gouvernement va jusqu'à interdire purement et simplement toute manifestation sur tout le territoire.

Fin juin, contrairement à une légende tenace, les élections anticipées qui closent le conflit n'accouchent pas d'une gigantesque « vague bleue » anti-Mai 68. La droite et le centre récoltent 58 % des voix contre 42 pour la gauche : ce qui marque une volonté clairement majoritaire de retour à l'ordre, mais assurément pas le raz-de-marée gaulliste souvent décrit depuis. En réalité, s'il y a alors une écrasante majorité de députés pro-gouvernement – 81 % des sièges avec 58 % des voix –, ce n'est que du fait du mode de scrutin, qui donne artificiellement une très forte prime en nombre de sièges à la coalition arrivée en tête.

Cette « guerre sociale » de 1968 confirme les leçons de 1919-1920 et de 1936 : il est encore une fois patent que la combinaison entre des manifestations de masse et des grandes grèves de paralysie de l'économie force les pouvoirs en place à concéder de nouveaux droits sociaux. Elle ajoute néanmoins des leçons nouvelles. D'abord, elle démontre que la mobilisation étudiante constitue un allié décisif pour propager le mouvement tous azimuts dans la société française. Ensuite, il apparaît que l'implication de l'Éducation nationale et des services publics dans les grèves rend beaucoup plus puissant et rapide le blocage du pays. Enfin, le retour de bâton de fin mai et de juin nous rappelle que s'il n'existe pas en parallèle un mouvement politique d'alternative au système qui soit à la fois stable, puissant et organisé, les forces du retour à l'ordre finissent par redevenir seules en scène et reprendre la main.

Presque trente ans plus tard, en 1995, la principale originalité du mouvement social est son caractère foncièrement *défensif*. Il ne s'agit plus d'obtenir de nouveaux droits, mais de défendre ceux qui existent déjà. Il y a certes plusieurs précédents : par exemple les grandes grèves de fonctionnaires à l'été 1953, pour conserver leurs conditions de retraite et d'avancement face au plan d'austérité du président du Conseil[1] Joseph Laniel[2]. C'est cependant la première fois qu'un grand mouvement de grève générale se déploie au nom du *statu quo* et non pas pour aboutir à de nouvelles conquêtes. L'on peut certainement y voir la conséquence d'une défaite du progressisme dans la bataille des idées depuis les années 1980, problème fondamental qui sera abordé en conclusion de ce livre : de sorte que les mobilisations auparavant offensives, car porteuses d'un contre-projet de société, sont devenues des mobilisations défensives, car dépourvues d'un idéal perçu comme possible et souhaitable dans la grande masse de la population salariée.

Hormis cela, la « guerre sociale » de 1995 reprend les facteurs de succès de 1919, 1936 ou 1968. Face au plan d'austérité du Premier ministre Alain Juppé, qui prévoit pêle-mêle de repousser l'âge de départ à la

1. À l'époque, sous la IVe République, c'est le titre que porte le chef du gouvernement (aujourd'hui appelé « Premier ministre »).

2. Michel Pigenet, « Les jolies grèves du mois d'août », *Le Monde diplomatique*, août 2017.

retraite pour l'ensemble des fonctionnaires, de rendre l'hôpital plus coûteux à solliciter, de moins rembourser les médicaments, d'imposer les allocations familiales et d'augmenter les cotisations d'assurance maladie sur les retraités et les chômeurs, une fois de plus la mobilisation démarre par l'effet boule de neige de grèves spontanées un peu partout en France, avec les cheminots pour fer de lance. Sur le modèle des étudiants soixante-huitards et d'un certain nombre de mouvements sociaux d'ampleur moindre de la seconde moitié des années 1980, les grévistes – y compris ceux du secteur privé – organisent des assemblées générales pour décider au fil de l'eau de l'évolution du mouvement, ce qui finit de complètement court-circuiter les directions syndicales nationales. Plus encore qu'auparavant, la grève des services publics, en particulier des transports, se révèle décisive pour bloquer l'économie et contraindre ainsi le gouvernement à reculer. Fin novembre 1995, le trafic ferroviaire est promptement paralysé et l'essence se fait rare, tandis que les centres de tri postaux et la moitié des agents d'EDF-GDF se mettent eux aussi en grève. Les cortèges des manifestations sont massifs et, malgré un battage médiatique pour opposer les grévistes à « l'usager pris en otage », les sondages indiquent les uns après les autres que la population soutient très majoritairement la mobilisation. Au bout de trois semaines, le gouvernement renonce au plan Juppé[1].

---

1. Christian Chevandier, « Les grèves de 1995 », dans Michel Pigenet et Danielle Tartakowsky (dir.), *Histoire des mouvements sociaux en France : de 1814 à nos jours*, *op. cit.*, p. 633-639.

A contrario, les mobilisations de la décennie 2000 nous montrent en creux que ne plus retenir les leçons des victoires sociales du XXe siècle conduit à accumuler les défaites au XXIe.

En 2003, le plan Fillon repousse l'âge de départ à la retraite. En plus de nos retraites par répartition, fondées sur la solidarité sociale et intergénérationnelle, il prévoit de créer un plan d'épargne retraite privé partiellement exonéré d'impôts, fondé donc sur le chacun-pour-soi réservé à ceux qui en ont les moyens et, qui pis est, subventionné par l'argent de nos impôts à tous. Face à ce bond en avant du projet politique de l'Antisocial, les manifestations sont très amples mais les grèves restent cantonnées pour l'essentiel au secteur public et ne vont pas jusqu'au blocage de l'économie du pays. Le gouvernement peut donc se permettre de risquer l'épreuve de force : il maintient sa réforme.

En 2006, le succès de la mobilisation contre le « contrat première embauche » peut sembler un contre-exemple de ce diagnostic. En effet, face à ce projet qui donnait pendant deux ans à l'employeur le droit de licencier son salarié sans motif s'il avait moins de 26 ans, il n'y a pas eu de grève générale ; il n'y a eu que de grandes manifestations étudiantes et des occupations d'universités. Cela a suffi pour que le gouvernement recule. L'on objectera cependant qu'il s'agit d'un cas particulier qui tient à la personne de Jacques Chirac, à l'époque chef de l'État. Déjà battu par la rue en 1986 lorsque, Premier ministre, il dut retirer la réforme Devaquet qui introduisait la sélection à l'entrée de l'université, il apparaît qu'il conserva par la suite une peur extrême des grandes mobilisations étudiantes. D'ailleurs, en 2005, un an avant la mobilisation contre le « contrat première embauche », il avait déjà réagi à des manifestations de lycéens en imposant à son ministre de l'Éducation nationale, François Fillon, d'abandonner son projet de réforme du baccalauréat. Le Premier ministre en poste en 2006, Dominique de Villepin, ayant manifesté répétitivement son intention de ne rien céder aux manifestants, il aurait sans doute choisi de passer en force si son supérieur hiérarchique eût été quelqu'un d'autre que Jacques Chirac.

En 2010, une nouvelle réforme des retraites prévoit de repousser plus loin encore l'âge de départ à la retraite. Sur le papier la mobilisation qui s'ensuit a tout pour reproduire les mécanismes victorieux du siècle précédent : les cheminots entament une grève de la SNCF ; les transporteurs routiers disposent des barrages routiers aux emplacements stratégiques du territoire ; les grandes raffineries du pays sont bloquées, provoquant un début de pénurie d'essence ; les éboueurs, notamment dans le sud de la France et tout particulièrement à Marseille, cessent le travail, ce qui génère des entassements d'ordures ; et une mobilisation étudiante se propage dans une université sur trois, avec dans plusieurs cas un blocage de l'établissement. Quant aux cortèges, ils accumulent des manifestants qui se comptent en millions.

Tout semble donc en place pour rééditer le succès de 1995. Le mouvement s'arrête cependant au bord du Rubicon : comme en 2003 et contrairement à 1995, il ne va pas jusqu'à une stratégie de grève longue pour provoquer la paralysie de l'économie du pays.

Là encore, le gouvernement peut donc se permettre de risquer l'épreuve de force : il maintient sa réforme.

Sans revenir sur les grèves et manifestations contre la « loi Travail » de 2016, abordées précédemment, à l'heure où j'écris ces lignes le bilan de la mobilisation contre la réforme du code du travail de 2017 confirme cet état des lieux. Certes, il y eut des grèves. Certes, il y eut des manifestations. Mais parce que les grèves ne sont pas allées jusqu'à véritablement bloquer l'économie du pays, le gouvernement actuel a choisi l'épreuve de force en maintenant sa réforme, et l'a remportée.

Or, en même temps que ce gouvernement répétait en boucle qu'il ne reculerait jamais, il a cédé face aux revendications de certains secteurs grévistes de peur qu'ils ne facilitent le basculement dans une grève générale : je pense en particulier aux routiers, qui sont allés jusqu'au blocage et qui ont gagné leur bras de fer[1]. Ce fait globalement occulté de notre débat public prouve que, face à un vaste mouvement de grève faisant tache d'huile, quoi qu'il prétende, ce gouvernement aurait reculé.

Il ne faut pas oublier que les années 2000 ont été caractérisées en France par l'accès progressif aux postes de pouvoir, politiques aussi bien qu'économiques, d'une génération d'élites pro-système qui, au contraire d'un François Mitterrand, d'un Jacques Chirac ou d'un Lionel Jospin, sont trop jeunes pour avoir éprouvé à l'âge adulte la grève générale offensive

1. « Le gouvernement cède aux routiers et ouvre une brèche dans les ordonnances », *Le Parisien*, 4 octobre 2017.

de Mai 68 qui frôla le renversement du système en place.

Pour ne prendre que quelques exemples, en ce temps-là Nicolas Sarkozy n'avait que 13 ans, François Hollande 14 ans, Pierre Gattaz 9 ans, Xavier Niel[1] 1 an; quant à Emmanuel Macron, il ne naîtrait que neuf ans plus tard. Ce facteur générationnel explique sans doute en large part pourquoi, à partir de ce début de XXIe siècle, porté par ces élites renouvelées, le projet de la « mondialisation malheureuse » s'est amplifié et radicalisé jusqu'à devenir l'Antisocial, dynamique décomplexée de destruction brique par brique du modèle social français.

Les mêmes causes produisent les mêmes effets. Pour que cette nouvelle classe dirigeante politico-économique apprenne à arrêter sa course folle antisociale, il nous faut donc organiser un nouveau Mai 68, simultanément social et étudiant. L'objectif doit être très clair et très simple : aboutir à une grève de blocage du pays pour que les pouvoirs en place soient contraints, selon le cas, d'abandonner leur projet de réforme antisociale ou de concéder de nouvelles avancées sociales au bénéfice du plus grand nombre.

Cela implique d'arrêter de s'épuiser pour rien en mouvements catégoriels séparés car, à l'instar de celui des enseignants-chercheurs il y a quelques années, ils aboutissent quasi systématiquement à

1. Xavier Niel et sa famille sont la dixième fortune de France selon le classement du magazine *Challenges* pour l'année 2017. Il est notamment propriétaire de la firme Free et du groupe médiatique *Le Monde*.

l'échec du fait même de leur isolement tactique face au pouvoir.

Cela implique que sur le terrain, sans attendre d'hypothétiques consignes verticales des directions syndicales nationales, la base, c'est-à-dire concrètement les ouvriers, les cheminots, les routiers, les employés de raffineries, les fonctionnaires des services publics, qui en ont la volonté et le courage, déclenchent le mouvement par accumulation d'initiatives.

Cela implique qu'à l'aide des réseaux sociaux sur Internet, dont la nature même facilite les échanges directs horizontaux entre égaux, les gens actifs sur le terrain se parlent et s'organisent pour que les grèves, les occupations de lieux de travail, les manifestations puissent fleurir un peu partout en France dans le même intervalle de quelques semaines : cela, afin que, comme en 1936, l'accumulation d'initiatives partout sur le territoire fasse tache d'huile jusqu'à lancer une grande grève générale de blocage.

Cela implique qu'en prévision des pertes de salaire pour cause de jours de grève, organisations syndicales et collectifs de militants montent d'avance sur Internet des cagnottes par financement participatif, destinées à aider les grévistes à boucler leurs fins de mois.

Cela implique que quiconque s'en sent la bonne forme physique et, plus important encore, le sang-froid se porte systématiquement volontaire pour rejoindre le service d'ordre des manifestations et des grèves, afin d'être là pour neutraliser deux dangers : les casseurs, qui sont des « idiots utiles » des pouvoirs en place puisqu'ils accréditent l'idée qu'il faut soit soutenir le système soit soutenir des bastons de rue ;

et les éventuels « agents provocateurs », c'est-à-dire des policiers déguisés en manifestants qui viennent agir en casseurs et fournissent ainsi un prétexte à la répression policière.

Cela implique de réoccuper les lieux de travail sitôt que l'on en a été dispersé par la police.

Cela implique que les lycéens et les étudiants, déjà tout à fait conscients de la vie précarisée et de la société de chacun-pour-soi que le système en place leur prépare, en tirent les leçons en multipliant les grèves d'occupation des lycées et des universités, ainsi que les vastes manifestations sur le modèle de 2006.

Cela implique, malgré les inévitables échecs répétés dans les tentatives de déclencher l'effet boule de neige de grève générale, de continuer encore et encore à lancer des mouvements de grèves et de manifestations, jusqu'à ce que la réaction en chaîne finisse par advenir.

Et surtout, surtout, une fois la grande grève de blocage obtenue au bout de tous ces efforts, cela implique de tenir. Tenir. Tenir un mois entier parce que, passé cette durée de paralysie de l'économie du pays, les pouvoirs en place ne peuvent plus que céder. Il serait par exemple extrêmement puissant, dans l'ordre du symbole, que très exactement cinquante ans après un « Mai 2018 » reproduise la grande grève générale sociale et étudiante de Mai 1968.

Épilogue

Que faire ?

> « Quand nous disons que l'homme est responsable de lui-même, nous ne voulons pas dire que l'homme est responsable de sa stricte individualité, mais qu'il est responsable de tous les hommes. »
>
> Jean-Paul Sartre,
> *L'existentialisme est un humanisme*, 1946.

L'on trouve dans notre passé récent des audaces révolutionnaires qui prouvent qu'une autre société est possible. À cet égard, le programme du Conseil national de la Résistance gagne à être relu. Au-delà de décisions liées au contexte historique que l'on sait, il frappe encore aujourd'hui par son caractère prodigieusement moderne. Le projet de société humaniste et progressiste qu'il dépeint n'a pas pris une ride.

Selon ce texte, « la liberté de la presse » et « son honneur » doivent être garantis par « son indépendance à l'égard de l'État » et « des puissances d'argent ». « L'instauration d'une véritable démocratie économique et sociale » doit être obtenue grâce à

« l'éviction des grandes féodalités économiques et financières de la direction de l'économie ». « Un syndicalisme indépendant » doit être « doté de larges pouvoirs dans l'organisation de la vie économique et sociale ». Il faut encourager « le développement et le soutien des coopératives ». Il faut établir « le droit d'accès, dans le cadre de l'entreprise, aux fonctions de direction et d'administration, pour les ouvriers possédant les qualifications nécessaires ». L'organisation de l'économie doit assurer « la subordination des intérêts particuliers à l'intérêt général ». Il faut préparer « le retour à la nation des grands moyens de production monopolisés, fruits du travail commun, des sources d'énergie, des richesses du sous-sol, des compagnies d'assurances et des grandes banques ». « Un plan complet de sécurité sociale » doit être mis en place pour « assurer à tous les citoyens des moyens d'existence ». « La sécurité de l'emploi » et « une retraite permettant aux vieux travailleurs de finir dignement leurs jours » doivent être instaurées. Il faut assurer « la possibilité effective pour tous les enfants français de bénéficier de l'instruction et d'accéder à la culture la plus développée, quelle que soit la situation de fortune de leurs parents, afin que les fonctions les plus hautes soient réellement accessibles à tous ceux qui auront les capacités requises pour les exercer et que soit ainsi promue une élite véritable, non de naissance mais de mérite, et constamment renouvelée par les apports populaires ».

Soixante-quatorze années plus tard, ces quelques extraits nous laissent comme un goût d'amertume. C'est parce que l'actuel modèle dominant, prétendument libéral mais en vérité oligarchique, accomplit avec méthode l'exact contraire de cet humanisme solidaire. Il est d'ailleurs vain de voir aujourd'hui en Emmanuel Macron notre adversaire fondamental, ou François Hollande hier, ou Nicolas Sarkozy avant lui. Ce ne sont que les commis exécutants, les factotums d'un projet politique rétrograde vis-à-vis duquel eux-mêmes sont en servitude volontaire. Notre adversaire n'est pas une personne. Notre adversaire est un système au service d'un projet de société hideux.

Pour protéger nos droits et en obtenir d'autres, accumuler les mouvements sociaux épars sur le terrain, encore et encore, jusqu'à provoquer l'effet boule de neige conduisant à la grève générale est une méthode efficace. L'histoire sociale du XXe siècle nous en est témoin. Néanmoins, cela ne suffit pas. En effet, si après la grève générale le système politico-économique conçu pour profiter aux dominants reste en place, la phase de victoires sociales est invariablement suivie d'une phase de « gueule de bois ».

1936 est un bon exemple. Cette année-là, nous l'avons rappelé, marque un triomphe du mouvement social avec, grâce à la grève générale, l'obtention de nouveaux droits sociaux allant encore plus loin que le programme électoral du Front populaire. Cependant, la « gueule de bois » arrive dès 1937. Sous la pression du patronat, le gouvernement annonce une « pause » dans les réformes de progrès social et engage une marche arrière : il dévalue le franc, ce qui fait brutalement baisser les conquêtes salariales obtenues un an plus tôt[1].

---

1. Ralph Schor, *Histoire de la société française*, *op. cit.*, p. 168.

En d'autres termes, baisser la garde et cesser de militer une fois obtenue telle ou telle victoire sociale, comme le firent nombre de grévistes de 1919-1920, c'est commettre une erreur stratégique fondamentale. C'est prendre à tort la « guerre sociale » pour une guerre de *position*, où toute avancée peut être considérée comme durablement acquise. En fait, les forces politico-économiques pro-système mènent une guerre de *mouvement* : dès que l'orage gréviste est passé, méthodiquement elles entreprennent de reconquérir le maximum de terrain perdu.

Puisque le système en place est conçu pour nous nuire, tel Sisyphe nous verrons toujours le rocher que nous poussons jusqu'au sommet de la montagne finir par rouler bas jusqu'au sol, encore et encore. C'est pourquoi le front social est nécessaire mais pas suffisant. Il faut aussi agir sur le front politique : c'est-à-dire déployer un mouvement politique pour conquérir le pouvoir par les urnes, afin de changer de système politico-économique.

À cet égard, nous devons comprendre et accepter cette pénible réalité : pour les forces politiques du véritable progrès social, la situation normale, courante, est l'accumulation des défaites électorales. Un simple coup d'œil à l'histoire électorale des deux derniers siècles permet d'en attester : en moyenne, notre sort habituel, c'est de perdre. Cela peut sembler à première vue démotivant. Il nous faut toutefois comprendre cette autre réalité, enthousiasmante cette fois-ci : lors de nos rares victoires électorales, en n'exerçant pourtant le pouvoir qu'une poignée d'années, nous parvenons tout de même à transformer le pays très loin dans le sens du progrès humain, et généralement sans que les forces adverses réussissent ensuite à faire totalement machine arrière.

Prenons l'exemple des républicains du XIXe siècle. Lorsque la Révolution et le Premier Empire s'achèvent par la défaite de la France, ils connaissent un long hiver. Qu'on en juge. Ils sont dorénavant marginalisés à l'extrême gauche de l'échiquier politique du pays. Le droit de vote réservé aux plus riches les prive du renfort de l'électorat populaire des villes, susceptible de voter pour le retour de la République. Le débat politique au quotidien étant confisqué par la polarisation entre ceux qui veulent le retour de l'Ancien Régime et ceux qui veulent une monarchie de libéralisme économique, ils sont traités comme s'ils étaient invisibles et muets dans le paysage politique. De surcroît, sitôt qu'ils parviennent à plaider leur cause, les forces pro-système les diabolisent en évoquant sans cesse la guillotine, la Terreur et les guerres de la République : comme si la Révolution française se résumait à ses violences ; comme si la jeune République n'avait pas été immédiatement menacée d'invasion par une coalition de puissances étrangères hostiles ; et comme si la « Terreur blanche » contre-révolutionnaire de 1815 n'avait pas existé.

Bref, le combat pour rétablir un jour la République en France semble à l'époque être perdu d'avance. Les défaites électorales et les impuissances à profiter de la chute du régime en place s'accumulent. De 1815 à 1848 les républicains ne gagnent tout simplement *jamais* les élections législatives : ils perdent, encore, encore et encore. Et quand le système politique tombe, ce n'est toujours pas le républicanisme qui gagne : ainsi en 1830, lorsque le régime de la

Restauration s'effondre, c'est une autre forme de monarchie, vouée au libéralisme économique et réservant le droit de vote aux plus riches, qui lui succède. La seule consolation en est le progrès des républicains car d'une place marginale à l'extrême gauche sous la Restauration, ce glissement du système les promeut au rang de nouvelle force principale d'opposition.

Coup de théâtre cependant en 1848 car, cette année-là, le printemps succède enfin à l'hiver : la monarchie de Juillet tombe à son tour. Les républicains héritent du pouvoir laissé vacant. Les conquêtes politiques et sociales arrivent alors en cascade : proclamation de la IIe République, abolition définitive de la monarchie, abolition définitive de l'esclavage dans les colonies, droit de vote pour tous les hommes – mais pas encore pour les femmes –, création des Ateliers nationaux pour garantir à tous les ouvriers un emploi...

La grande poussée progressiste et solidaire est ensuite rapidement interrompue, comme toujours, par une phase de reflux. L'élection du président de la République par l'intégralité de la population masculine[1] donne en effet la victoire dès le premier tour à Louis-Napoléon Bonaparte, neveu de Napoléon Ier, qui abolit la IIe République pour passer au Second Empire. Ce sera un régime d'autoritarisme et de libéralisme économique durant une décennie ; puis un régime de monarchie parlementaire et de libéralisme économique, mâtiné de fortes concessions sociales, durant une autre décennie.

1. Et non pas « au suffrage universel ».

Après le printemps de leur idéal quelques mois durant en 1848, les républicains doivent donc endurer plus de vingt années d'un nouvel hiver. Il leur faut attendre 1870 pour que s'effondre le Second Empire, dans le traumatisme de la défaite contre la Prusse du chancelier Bismarck et de la perte de l'Alsace-Moselle.

Une nouvelle grande bataille politique s'ouvre. D'un côté, les partisans de « l'Ordre moral », et du retour à une monarchie parlementaire de libéralisme économique, gagnent les élections et s'empressent de noyer dans le sang la tentative de révolution de la Commune de Paris, qui voulait instaurer en France la démocratie directe[1]. De l'autre côté se trouvent les partisans du retour de la République et des conquêtes sociales qui l'accompagnent.

Il s'écoule encore une décennie de convulsions politiques avant que, en 1879, le triomphe des républicains deux fois de suite aux élections législatives et la démission du président acquis à l'Ordre moral permettent d'installer complètement la IIIe République, premier régime républicain durable de notre histoire. S'ensuivront rapidement de nouvelles conquêtes progressistes : en particulier une grande vague de libertés fondamentales dont la liberté de réunion ; la scolarité obligatoire pour tous les enfants ; et bientôt la séparation des Églises et de l'État, c'est-à-dire l'acte de naissance politique du principe de laïcité.

1. La répression des « communards » de 1870 fera plusieurs milliers de morts. Par la suite, le gouvernement d'Ordre moral lancera la construction d'une basilique pour expier les « péchés » de la révolution de la Commune de Paris. Il s'agit du Sacré-Cœur, délibérément bâti à Montmartre, ce quartier parisien ayant été l'un des bastions des communards.

Au fil du XIXe siècle, il aura donc fallu de longues décennies de défaites et de revers, perlées de rarissimes grandes victoires, avant que les militants du républicanisme universaliste et du progrès social, c'est-à-dire les ancêtres de nos propres combats, parviennent à installer durablement au forceps la République. C'est une leçon que nous devons retenir : les droits sociaux qu'il est « normal » d'avoir, le système politico-économique qu'il est « normal » d'avoir, sont affaire de rapports de forces politiques. Devient « normal » tout système resté en place suffisamment longtemps. Il est par conséquent inepte de tirer argument des défaites accumulées par le camp du vrai progrès social pour baisser les bras et basculer dans le défaitisme : car si nos ancêtres de lutte avaient raisonné de la sorte, la République n'aurait pas été rétablie encore et encore, aux XIXe et XXe siècles, jusqu'à ce qu'il devienne évident pour tous que tel est le régime politique « normal » de la France. Marchant dans leurs pas, nous devons donc comme eux agir, militer, jusqu'à ce que le changement de système que nous souhaitons réussisse et soit durable, au point de devenir à son tour dans tous les esprits le système « normal ».

L'erreur longtemps commise par les forces politiques de progrès, aujourd'hui encore commise par une partie d'entre elles, a été de prophétiser telle ou telle évolution systémique prétendument inévitable.

Dans une première approche, cela consiste à pronostiquer l'effondrement inéluctable du capitalisme sous l'effet de ses propres contradictions et de l'irruption d'une révolution communiste dans les économies les plus avancées. C'est pourtant faux. Si les crises cycliques et approximativement décennales du capitalisme financier se produisent telles que Karl Marx les avait diagnostiquées, en revanche ces krachs financiers puis économiques ne suffisent pas par eux-mêmes à faire s'écrouler le système[1]. Ce dernier sacrifie quelques mastodontes de son appareillage oligopolistique : par exemple la firme bancaire Lehman Brothers en 2008. Puis il est sauvé par les pouvoirs publics, au nom du caractère prétendument *too big to fail* des firmes échappant au sacrifice : vingt ans avant le krach de 2007-2009, ce fut déjà le prétexte du sauvetage du système financier sur fonds publics par les autorités des États-Unis d'Amérique après le krach de 1987[2]. Bref, le système ne s'effondre pas par lui-même.

En outre, si des révolutions communistes sont effectivement survenues en divers points du globe, elles furent accomplies presque systématiquement dans des pays pauvres, à dominante économique encore massivement agraire; et non pas dans les économies les plus riches et les plus développées de la planète. Les deux exemples les plus spectaculairement clairs en sont la révolution russe de 1917 et la révolution chinoise de 1949. En d'autres termes, que ce soient les militants actifs et absolument confiants dans une victoire finale garantie parce que le système serait destiné à s'autodétruire ou que ce soient les attentistes qui se contentent de critiquer passivement

1. Bernard Maris, *Marx, ô Marx, pourquoi m'as-tu abandonné ?*, Flammarion, 2012 (réédition).

2. Albert Hayem, « Les faillites de caisses d'épargne aux États-Unis », *Revue d'économie financière*, 1989, vol. 10, n° 2, p. 125-137.

le système en place « depuis leur salon » parce qu'ils pensent que son renversement adviendra tout seul comme tombe un fruit mûr, les uns et les autres se trompent.

Dans une seconde approche social-démocrate, l'erreur consiste à conserver une grille de lecture des rapports de forces politico-économiques totalement obsolète au regard du contexte actuel que j'ai baptisé la « mondialisation malheureuse[1] ». Selon le credo social-démocrate, le système en place étant malgré ses défauts le meilleur possible, tout gouvernant progressiste doit, parce qu'il est réaliste et a le sens des responsabilités, négocier avec les dominants socio-économiques des compromis pour obtenir au bénéfice des classes moyennes et populaires le maximum de droits sociaux compatibles avec ce système. Ils en concluent qu'il faut continuer la politique sociale-démocrate, dont le pilier central est une négociation raisonnable sans cesse renouvelée entre patronat et salariat.

Là encore, mais pour des raisons différentes, c'est faux.

L'idée principale de l'approche sociale-démocrate, qui postule que le système actuel doit être amélioré mais qu'il n'est pas nécessaire d'en changer, appelle cette réponse simple : quelle que soit l'argumentation adverse, un système qui pousse le refus de redistribuer les ressources jusqu'à laisser environ 800 millions de personnes souffrir de la faim alors que nous sommes 7,5 milliards avec assez de nourriture pour en nourrir 12, et qui va jusqu'à laisser près d'un

1. Thomas Guénolé, *La Mondialisation malheureuse*, *op. cit.*

demi-million de personnes par an mourir du paludisme alors que cette maladie est curable[1], est incontestablement un système inefficace, injuste et indéfendable.

Par ailleurs, la précédente mondialisation était surtout caractérisée jusqu'à la fin du XIXe siècle par la prédation massive des ressources des colonies et par l'exploitation *via* l'esclavage de populations délibérément maintenues en état de sous-éducation. La mondialisation actuelle est différente, gouvernée par la conjonction de deux phénomènes majeurs. Le premier est la généralisation de moyens de transport et de communication considérablement moins chers, massifiés et accélérés. Le second est l'alphabétisation bientôt universelle de l'espèce humaine[2], avec avant cela l'atteinte dans les populations des territoires dominés, qu'il s'agisse par exemple de la Chine intérieure rurale miséreuse ou de l'espace post-soviétique, d'un niveau d'éducation suffisamment élevé pour prendre le relais du travail ouvrier des pays industrialisés avant eux.

Ces facteurs rendent possible *l'économie internationale du chantage*. Elle consiste, pour les oligarques dont huit contrôlent à eux seuls autant de richesses que la moitié la plus pauvre de l'humanité entière[3], à obtenir des divers pays du monde le recul progressif des droits sociaux, le recul de la fiscalité sur les hauts patrimoines et les hauts revenus, le recul de l'imposition des grandes firmes et de leurs obligations, et la

1. *Ibid.*, p. 199-212.
2. Emmanuel Todd, *Où en sommes-nous ?*, *op. cit.*, p. 140-141.
3. Oxfam, *Une économie au service des 99 %*, 2017, p. 2.

vente à la découpe des services publics ainsi que des entreprises publiques à leur propre profit : cela sous la pression d'un chantage permanent à la délocalisation d'activités dans un pays où les droits sociaux sont déjà moindres, où la fiscalité sur les oligarques et les grandes firmes est déjà plus basse, où l'économie est déjà encore plus déréglementée pour permettre le libre jeu des oligarchies, et où les services publics sont déjà encore plus privatisés.

Fondée sur la négociation d'un grand compromis socio-économique, la social-démocratie est donc devenue impossible pour la simple raison qu'il n'y a plus personne avec qui négocier. Les oligarques ne veulent pas d'un compromis : ils exigent une capitulation pure et simple, avec pour arme cette économie internationale du chantage[1].

C'est la raison pour laquelle lorsque, de plus en plus rarement, des sociaux-démocrates gagnent les élections quelque part, ils en viennent invariablement à céder à ce chantage et déçoivent systématiquement les attentes de leur électorat, ce qui nourrit des transformations politiques en profondeur.

C'est l'écroulement électoral des partis à dominante sociale-démocrate, qu'il s'agisse par exemple du Parti socialiste en France, du PASOK en Grèce ou de leurs avatars dans l'essentiel des pays d'Amérique du Sud. C'est la montée en puissance rapide et vigoureuse des forces progressistes voulant changer de système, avec notamment le phénomène Bernie Sanders aux États-Unis d'Amérique, Jeremy Corbyn devenu

1. Sur l'impasse de ces deux approches, lire : Jean-Luc Mélenchon, *À la conquête du chaos*, Denoël, 1991, p. 53-55.

chef de file du New Labour au Royaume-Uni, les succès de Podemos en Espagne ou de la France Insoumise en France, ainsi que la prise du pouvoir par des altermondialistes dans divers pays d'Amérique latine.

C'est le basculement d'une infime partie de l'électorat populaire qui votait social-démocrate dans le vote d'extrême droite, jugeant à tort que « l'immigré », au lieu des oligarques, est coupable de son appauvrissement, avec par exemple la progression du vote ouvrier pour le Front national en France ou pour le parti xénophobe UKIP au Royaume-Uni.

Enfin, face à la double marée montante des vrais progressistes et de l'extrême droite, l'on constate ici et là des tentatives de fusion des partis pro-système de gauche et de droite dans une « grande coalition » uniforme pro-système : par exemple la coalition entre la CDU-CSU de droite et le SPD social-démocrate douze années durant en Allemagne ; ou l'attelage d'En Marche ! et de ses divers satellites en France.

Ce sont là autant de craquèlements, de fissures, de cassures, dans l'ordonnancement de la mondialisation malheureuse. Ce sont donc autant de signes de sa fragilisation croissante, à force d'aggraver les inégalités socio-économiques et de rendre les perdants de la mondialisation électoralement majoritaires. Cependant, en déduire que l'on peut s'attendre à la chute automatique et imminente du système, ce serait retomber dans les travers pseudo-prophétiques déjà décrits. *Bis repetita :* réfléchir comme si l'évolution du système était linéaire, donc prévisible, nous condamne dans le meilleur des cas à voir nos prophéties démenties les unes après les autres, et dans le pire des cas à tomber dans la passivité attentiste au nom de je ne sais quelle destinée autodestructrice du système en place.

En réalité, l'essentiel des phénomènes qui nous entourent évolue au sens strict d'une façon *chaotique*, c'est-à-dire imprévisible une fois considérée dans sa globalité, et ponctuée de coups de théâtre erratiques. Songeons d'ailleurs un instant à notre propre vie. A-t-elle été jusqu'à présent déterminée ? réglée comme une horloge ? prévisible ? Nos plans, nos prévisions, pour « chapitrer » nos existences, n'ont-ils pas au contraire été balayés les uns après les autres par tout ce qui y fit irruption et que nous n'avions pas prévu ? Notre propre vécu, avec son cortège de surprises et de hasards décisifs, n'est-il pas là pour attester l'évolution en vérité chaotique de nos vies et, par conséquent, des vies qui, additionnées, constituent la longue marche de l'espèce humaine à travers le temps et l'espace[1] ?

L'évolution du système à tous points de vue, notamment politique et économique, est chaotique elle aussi. Jacques Chirac a été élu président de la République en 1995 alors que, quelques mois à peine auparavant, les sondages, outils fondés sur le déterminisme et la prévisibilité des comportements électoraux, lui prédisaient un score d'environ 12 % et ainsi une élimination humiliante dès le premier tour. Sa victoire fut donc, là encore au sens strict, une manifestation du chaos.

Peu de temps après advint la vague de croissance économique portée par la massification d'Internet

1. Jean-Luc Mélenchon, *À la conquête du chaos*, *op. cit.* : chapitre « La montre déréglée », p. 45-64.

dans les pays riches : quasiment aucun expert n'avait anticipé son irruption, tout comme quasiment aucun expert n'annonça sa transformation en bulle spéculative boursière puis l'éclatement de cette bulle sous forme de krach financier.

L'on pourrait aussi citer plus spectaculairement les attentats du 11 septembre 2001 contre les tours du World Trade Center et le quartier général du Pentagone. Acte absolument imprévu de par son procédé comme de par ses milliers de victimes, il entraînera entre autres au moins 650 000 morts durant la seconde guerre d'Irak[1], l'invasion de l'Afghanistan, la redéfinition de l'agenda des relations internationales avec le terrorisme pour priorité absolue, l'envolée de l'islamophobie dans l'imaginaire collectif des pays riches, ainsi qu'une surenchère militaro-policière dans les sociétés états-unienne et européenne, *via* entre autres la surveillance de masse des civils par des systèmes informatiques espions.

Nassim Nicholas Taleb appelle cela le « cygne noir ». En substance, selon lui, puisque les événements raisonnablement prévisibles sont anticipés par tous les acteurs du système, seuls les événements imprévus car rarissimes et improbables – c'est-à-dire chaotiques – ont un véritable impact de transformation totalement inattendue du système.

Or, ces événements, les cygnes noirs, surviennent en fait fréquemment dans le cours de l'histoire et de

1. IPPNW Germany, Physicians for Social Responsibility and Physicians for Global Survival, *Body Count. Casualty Figures after 10 Years of the "War on Terror" : Iraq, Afghanistan, Pakistan*, 2015, p. 27.

nos vies. La seule chose qui nous empêche de l'accepter est ce refus obstiné chez la plupart des esprits humains d'admettre ce que cela implique. À savoir : nous sommes fondamentalement des jouets entre les mains du hasard[1].

Cela ne signifie absolument pas qu'il faille s'en remettre pour nous-mêmes et pour l'humanité à l'impact aléatoire des cygnes noirs. Au contraire : leur existence nous garantissant qu'à tout moment un événement totalement imprévu peut renverser l'ordonnancement des êtres ou des choses, nous pouvons en déduire deux règles *d'action*.

D'une part, puisque les cygnes noirs impliquent que le système puisse s'effondrer absolument n'importe quand, c'est en permanence que nous devons militer pour en changer : car, à tout moment, un cygne noir peut nous faciliter la tâche.

D'autre part, puisque les cygnes noirs ne cesseront pas d'exister si nous réussissons à changer de système, nous devrons continuer à militer pour le plus haut niveau de justice et de solidarité quand bien même nous aurions déjà pris le pouvoir : car, à tout moment, un cygne noir peut venir fracasser le nouveau système.

C'est ce que j'ai appelé dans de précédents travaux *l'altersystème*[2] : sans cesse agir et imaginer des transformations, pour passer de la mondialisation malheureuse à la mondialisation à visage humain, définie

1. Nassim Nicholas Taleb, *The Black Swan : The Impact of the Highly Improbable*, Random House, 2007.

2. Thomas Guénolé, *La Mondialisation malheureuse*, *op. cit.*, p. 319-320.

comme un programme de partage équitable des efforts et des richesses, au bénéfice du plus grand nombre et de la sauvegarde de l'écosystème.

L'expression « à visage humain » renvoie à la Tchécoslovaquie de 1968. À l'époque, Alexander Dubček, nouveau dirigeant du parti communiste de cet État-satellite de l'Union soviétique, tenta de lancer dans son pays un « socialisme à visage humain », programme d'humanisation du système en place.

Similairement, face au bilan indéfendable de la mondialisation malheureuse, l'objectif de l'altersystème doit être de la remplacer par une mondialisation à visage humain. À cet égard, le critère pour identifier les idées et initiatives qui relèvent bien de l'altersystème tient en une phrase : est altersystème toute initiative, tout projet, tout programme politique qui a pour finalité le bien-être du plus grand nombre, qui est compatible avec la préservation de l'écosystème planétaire ou qui y contribue, et qui affaiblit l'oligarchisme ou s'abstient de le renforcer.

En cas de victoire altersystème en France, il est vital pour la pérennité du basculement que soit conservées, renforcées ou établies les institutions d'une *démocratie totale*. Elle inclut notamment la séparation des pouvoirs, la garantie des droits humains et des libertés publiques, l'indépendance de la justice, des mécanismes massifs de démocratie directe, ainsi que des élections récurrentes, libres et non faussées. Contrairement aux fantasmes sur le despotisme éclairé, qu'il soit le fait d'un individu ou d'une assemblée unique, la démocratie totale ainsi définie est en effet le système institutionnel le plus efficient au monde. De fait, en obligeant tout détenteur d'un pouvoir à rendre des comptes en permanence sur son action, elle permet à la communauté politique de progresser par tâtonnements et essais-erreurs. *A contrario*, quand le despotisme supposément éclairé fonce dans le mur, par définition rien dans les institutions ne peut l'en empêcher.

Par parenthèse, il faut prendre garde au déni de réalité quant au besoin d'action *politique*. Il existe chez tout un pan des forces potentiellement altersystème un problème que l'on pourrait appeler le « complexe d'Antigone ». Comme la fille d'Œdipe dans le mythe grec, ce sont tous ceux qui font passer avant toute autre considération la préservation de la pureté de leurs idéaux et qui, par conséquent, préfèrent militer et agir dans la société civile, la sphère associative, les ONG, sans s'engager en politique. Je soutiens qu'il s'agit là d'une erreur de raisonnement et d'une faute politique grave. Comme le montre le Brésil des années 2000, l'exercice du pouvoir politique par un gouvernement altersystème accomplit en effet infiniment plus de réformes altersystème en une poignée d'années que les initiatives individuelles, les actions associatives, le travail des ONG n'ont d'impact en plusieurs décennies. Bref, pour véritablement passer à l'altersystème il faut impérativement des victoires *politiques*, c'est-à-dire des changements de gouvernement en cascade.

Sans souhaiter évidemment la résurrection de l'Union soviétique, abomination totalitaire, son rôle géopolitique au siècle dernier nous rappelle en outre ceci : pour qu'un mouvement planétaire de changement de système s'inscrive dans la durée, il faut indispensablement qu'une *grande* puissance saute le pas.

Elle sert alors de base arrière, d'incubatrice et de grand contre-modèle de référence pour toutes les autres tentatives altersystème sur la planète. Cela provoque un effet domino : ainsi dans les années 2000, à l'échelle réduite du sous-continent sud-américain, le basculement altersystème du Brésil a entraîné une série de séismes électoraux dans les pays voisins. À cela s'ajoute un impact hautement dissuasif pour les oligarques du système, dès qu'une grande puissance rompt les rangs. De fait, au temps de la guerre froide, c'est par peur que les populations appauvries du bloc de l'Ouest ne deviennent prosoviétiques que ses oligarques ont pratiqué la redistribution des richesses, l'augmentation régulière des salaires et la modération dans leur pillage des ressources.

L'heure n'est pas aux avant-gardes autoproclamées qui sauraient mieux que le grand nombre ce qui est bon pour lui. L'heure est à l'ère du peuple. La population française est d'ores et déjà massivement éduquée. Aujourd'hui tout un chacun est pleinement capable de s'informer et de réfléchir par lui-même. Le peuplement se concentre de plus en plus dans les villes. L'accès aux transports, aux réseaux, aux lieux de travail, aux établissements de santé, aux établissements scolaires, à la culture, aux loisirs devient donc la somme des enjeux communs d'une population homogène de plus en plus vaste. La généralisation progressive d'Internet, des réseaux sociaux, des smartphones connecte chacun avec tous. Elle crée un immense espace proliférant de débat et d'interpellation. Ainsi tous les ingrédients sont là pour que la foule urbaine, où chacun vaque à ses occupations et circule au gré des ségrégations spatiales, devienne un peuple conscientisé porteur de revendications politiques communes[1].

Par deux fois déjà dans la marche de l'espèce humaine, la France fut la grande puissance qui osa avant les autres changer de système dans le sens de la justice et du progrès social. Ce fut d'abord la Révolution française de 1789-1793, qui donna à l'Europe l'abolition de l'Ancien Régime et du servage. Ce fut ensuite la révolution de 1848, qui montra à cette même Europe le chemin du printemps des peuples. Si nous décidons d'être les dignes héritiers des républicains de jadis, en courage, en patience et en détermination, il ne tient qu'à nous que la France soit une nouvelle fois à l'avant-garde du progrès humain.

Au travail !

1. Jean-Luc Mélenchon, *L'Ère du peuple*, Fayard, 2014.

Remerciements

> « C'est en effet, je pense, un acte de bienveillance et plein d'une candeur honorable que de déclarer quels sont ceux dont l'aide nous a été précieuse. »
>
> Pline l'Ancien, *Histoire naturelle*, an 77.

Merci à mon épouse Katerina Tatianovna Ryzhakova d'avoir milité ardemment pour que j'écrive ce livre ; et d'avoir ensuite été mon soutien de tous les instants au fil de son écriture.

Merci à mon Maître Jedi, Emmanuel Todd, pour ses constants encouragements et pour sa relecture du chapitre sur la stratification éducative.

Merci à mon parrain Didier Schlacther, professeur d'économie à Sciences Po Paris, pour sa relecture du manuscrit.

Merci à Thierry Billard, directeur éditorial de Plon, de s'être jeté à l'eau avec moi dans ce projet. Merci à Vincent Barbare, *alias* « le boss », président-directeur général d'Éditis, d'avoir donné son feu vert pour ce nouvel opus ensemble. Merci à Bénédicte Avel, directrice du service presse, pour son travail de promotion de cet ouvrage. Merci de même aux illustrateurs, aux correcteurs, aux ouvriers d'imprimerie, aux transporteurs, aux libraires, dont le travail permet que ce livre existe et qu'il soit distribué.

Merci à Mathieu Mistler, Marie-Alix Détrie et Célia Maurisson pour leur travail de Romains, rigoureux et indispensable, afin de m'aider à documenter ce livre. Merci à mon frère, le docteur Fabian Guénolé, pour sa relecture du chapitre sur le système de santé et du développement sur le darwinisme social. Merci à l'essayiste Jean-Laurent Cassely pour ses conseils d'écriture. Et merci à l'économiste Thomas Porcher pour ses compléments sur la situation des chômeurs et sur l'exil fiscal.

Ce livre n'aurait pas pu voir le jour sans eux.

Thomas Guénolé
Paris, le 18 décembre 2017.

Table

Achevé d'imprimer en mars 2018